萧红书信日记选

红尘一梦弹指间

萧红

广陵书社

图书在版编目（CIP）数据

红尘一梦弹指间：萧红书信日记选 / 萧红著. --
扬州：广陵书社，2020.3
（回望萧红 / 陈武主编）
ISBN 978-7-5554-1346-2

Ⅰ．①红… Ⅱ．①萧… Ⅲ．①萧红（1911-1942）—
书信集②萧红（1911-1942）—日记 Ⅳ．①K825.6

中国版本图书馆CIP数据核字(2019)第280876号

书　名	红尘一梦弹指间：萧红书信日记选		丛书名	回望萧红	
著　者	萧　红		丛书主编	陈　武	
责任编辑	金　晶		特约编辑	罗路晗	
出版人	曾学文		封面设计	琥珀视觉	

出版发行	广陵书社
	扬州市维扬路349号　　　　邮编：225009
	(0514)85228081（总编办）　85228088（发行部）
	http://www.yzglpub.com　E-mail:yzglss@163.com
印　　刷	北京中华儿女印刷厂

开　本	880mm×1230mm　　1/32
字　数	120 千字
印　张	6.75
版　次	2020 年 3 月第 1 版
印　次	2020 年 3 月第 1 次印刷
书　号	ISBN 978-7-5554-1346-2
定　价	39.00 元

目　录

第一辑　书信篇

致萧军

1936 年 7 月 18 日

君先生[①]：

海上的颜色已经变成黑蓝了，我站在船尾，我望着海，我想：这若是我一个人怎敢渡过这样的大海！

这是黄昏以后我才给你写信，舱底的空气并不好，所以船开没有多久我时时就好像要呕吐，虽然吃了多量的胃粉。

现在船停在长崎了，我打算下去玩玩。昨天的信并没写完就停下了。

---

① 君先生：萧军。

到东京再写信吧！

祝好！

莹[1]

七月十八日

源先生[2]好！

---

① 莹：萧红原名张廼莹。

② 源先生：黄源（1906—2003），字河清，浙江海盐人。曾任《文学》《译文》等杂志编辑。

致萧军

1936 年 7 月 20 日

三郎^①：

　　现在我平安地到了，正要出去吃饭。所以少少写点。

悄^②

七月二十日

她们很高兴！

———————

① 三郎：萧军。

② 悄：萧红的笔名"悄吟"。

致萧军

1936 年 7 月 21 日

均[①]:

你的身体这几天怎么样？吃得舒服吗？睡得也好？当我搬房子的时候，我想：你没有来，假若你也来，你一定看到这样的席子就要先在上面打一个滚，是很好的，像住在画的房子里面似的。

你来信寄到许[②]的地方就好，因为她的房东熟一些。

海滨，许不去，以后再看，或者我自己去。

一张桌是（和）一个椅子都是借的，屋子里面也很规整，只是感到寂寞了一点，总有点好像少了一点什么！住下几天

---

① 均：萧军。

② 许：许粤华（1912—2011），翻译家，笔名雨田，浙江海盐人。

就好了。

外面我听到蝉叫，听到踏踏的奇怪的鞋声，不想写了！也许她们快来叫我出去吃饭的时候了！

你的药不要忘记吃，饭少吃些，可以到游泳池去游泳两次，假若身体太弱，到海上去游泳更不能够了。

祝好！

别的朋友也都祝好！

莹

七月廿一日

致萧军

1936 年 7 月 26 日

均：

现在我很难过，很想哭。想要写信，钢笔里面的墨水没有了，可是怎样也装不进来，抽进来的墨水一压又随着压出去了。

华①起来就到图书馆去了，我本来也可以去，我留在家里想写一点什么，但那里写得下去，因为我听不到你那登登上楼的声音了。

这里的天气也算很热，并且讲一句话的人也没有，看的书也没有，报也没有，心情非常坏，想到街上去走走，路又不认识，话也不会讲。

---

① 华：许粤华。

昨天到神保町的书铺去了一次，但那书铺好像与我一点关系也没有，这里太生疏了，满街响着木屐的声音，我一点也听不惯这声音。这样一天一天的我不晓得怎样过下去，真是好像充军西伯利亚一样。

比我们起初来到上海的时候更感到无聊，也许慢慢地就好了，但这要一个长的时间，怕是我忍耐不了。不知道你现在准备要走了没有？我已经来了五六天了，不知为什么你还没有信来？

珂 ① 已经在十六号起身回去了。

不写了，我要出去吃饭，或者乱走走。

吟上

七月廿六十时半

----

① 珂：张秀珂（1916—1956），萧红的胞弟。

致萧军

1936 年 8 月 14 日

均：

接到你四号写的信现在也过好几天了，这信看过后，我倒很放心，因为你快乐，并且样子也健康。

稿子我已经发出去三篇，一篇小说，两篇不成形的短文。现在又要来一篇短文，这些完了之后，就不来这零碎，要来长的了。

现在是十四号，你一定也开始工作了几天了吧？

均：

接到你四号写给我信，现在也速为寄去了。这信看过後，特别很放心

因为你快乐，並且称子也健康。

搞上我也继续出去工作，一篇山泉，两篇不规形的短文，现在

又再出来一篇诗歌，这些完了之後，就不来这季诗，要来更好的了。

现在是十四号，倘一定要南好之旅，就约好天了吧？

鸡子你寄钱了？那很高兴。

你寄给我太满足喂呀！一年已经属了一個月。

我也不用美素信，明年何枉自己……岛……情褚。我把

你遇刻日本岛上来！——

叶 八月十四日

鸡子你遵命了，我很高兴。

你以为我在混光阴吗？一年已经混过一个月。

我也不用羡慕你，明年阿拉自己也到青岛去享清福。我把你遣到日本岛上来！

莹

八月十四日

致萧军

1936 年 8 月 17 日

均：

今天我才是第一次自己出去走个远路，其实我看也不过三五里，但也算了，去的是神保町，那地方的书局很多，也很热闹，但自己走起来也总觉得没什么趣味，想买点什么，也没有买，又沿路走回来了。觉得很生疏，街路和风景都不同，但有黑色的河，那和徐家汇一样，上面是有破船的，船上也有女人，孩子。也是穿着破衣裳。并且那黑水的气味也一样。像这样的河恐怕巴黎也会有！

你的小伤风既然伤了许多日子也应该管它，吃点阿司匹林吧！一吃就好。

现在我庄严的告诉你一件事情，在你看到之后一定要在回信上写明！就是第一件你要买个软枕头，看过我的信就去买！硬枕头使脑神经很坏。你若不买，来信也告诉我一声，我在这边买两个给你寄去，不贵，并且很软。第二件你要买一张当作被子来用的有毛的那种单子，就像我带来那样的，不过更该厚点。你若懒得买，来信也告诉我，也为你寄去。还有，不要忘了夜里不要吃东西。没有了。以上这就是所有的这封信上的重要的事情。

我的稿子又交出去一小篇。

照相机现在你也有用了，再寄一些照片来。我在这里多少有点苦寂，不过也没什么，多写些东西也就添补起来了。

旧地重游是很有趣的，并且有那样可爱的海！你现在一定洗海澡去了好几次了？但怕你没有脱衣裳的房子。

你再来信说你这样好那样好，我可说不定也去，我的稿费也可以够了。你怕不怕？我是和你开玩笑，也许是假玩笑。

你随手有什么我没看过的书也寄一本两本来！实在没有书读，越寂寞就越想读书，一天到晚不说话，再加上一天到晚也不看一个字我觉得很残忍，又像我从前在旅馆一个人住着的那个样子。但有钱，有钱除掉吃饭也买不到别的趣味。

祝好。

萧上

八月十七日

致萧军

1936 年 8 月 22 日

军：

现在正和你所说的相反，烟也不吃了，房间也整整齐齐
的。但今天却又吃上了半支烟，天又下雨，你又总也不来信，
又加上华要回去了！又加上近几天整天发烧，也怕是肺病的
样子，但自己晓得，决不是肺病。可是又为什么发烧呢？烧
得骨节都酸了！本来刚到这里不久夜里就开始不舒服，口干，
胃涨……近来才晓是有热度的关系，明天也许跟华到她的朋
友地方去，因为那个朋友是个女医学生，让她带我到医生的
地方去检查一下，很便宜，两元钱即可。不然，华几天走了，
我自己去看医生是不行的，连华也不行，医学上的话她也不

会说，大概你还不知道，黄①的父亲病重，经济不够了，所以她必得回去。大概二十七号起身。

她走了之后，他妈的，再就没有熟人了，虽然和她同住的那位女士倒很好，但她的父亲来了，父女都生病，住到很远的朋友家去了。

假若精神和身体稍微好一点，我总就要工作的，因为除了工作再没有别的事情可做的。可是今天是坏之极，好像中暑似的，疲乏，头痛和不能支持。

不写了，心脏过量的跳，全身的血液在冲击着。

祝好！

吟

八月廿二日夜雨时

你还是买一部唐诗给我寄来。

---

① 黄：黄源。

致萧军

1936 年 8 月 27 日

均：

我和房东的孩子很熟了，那孩子很可爱，黑的，好看的大眼睛，只有五岁的样子，但能教我单字了。

这里的蚊子非常大，几乎使我从来没有见过。

那回在游泳池里，我手上受的那块小伤，到现在还没有好。肿一小块，一触即痛。现在我每日二食，早食一毛钱，晚食两毛或一毛五，中午吃面包或饼干。或者以后我还要吃得好点，不过，我一个人连吃也不想吃，玩也不想玩，花钱也不愿花。你看，这里的任何公园我还没有去过一个，银座大概是漂亮的地方，我也没有去过，等着吧，将来日语学好了再到处去走走。

你说我快乐地玩吧！但那只有你，我就不行了，我只有工作，睡觉，吃饭，这样是好的，我希望我的工作多一点。
但也觉得不好，这并不是正常的生活，有点类似放逐，有点
类似隐居。你说不是吗？若把我这种生活换给别人，那不是
天国了吗？其实在我也和天国差不多了。

你近来怎么样呢？信很少，海水还是那样蓝么？透明
吗？浪大吗？劳山①也倒真好？问得太多了。

可是，六号的信，我接到即回你，怎么你还没有接到？
这文章没有写出，信倒写了这许多。但你，除掉你刚到青岛
的一封信，后来十六号的一封，再就没有了，今天已经是
二十六日。我来在这里一个月零六天了。

现在放下，明天想起什么来再写。

今天同时接到你从劳山回来的两封信，想不到那小照相
机还照得这样好！真清楚极了！什么全看得清，就等于我也
逛了劳山一样。

说真话，逛劳山没有我同去，你想不到吗？

那大张的单人像，我倒不敢佩服，你看那大眼睛，大得
我从来都没有看见过。

两片红叶子已经干干的了，我记得我初认识你的时候，
你也是弄了两张叶子给我，但记不得那是什么叶子了。

---

① 劳山：崂山。

孟①有信来，并有两本《作家》来。他这样好改字换句的，也真是个毛病。

"瓶子很大，是朱色，调配起来，也很新鲜，只是……"这"只是"是什么意思呢？我不懂。

花皮球走气，这真是很可笑，你一定又是把它压坏的。

还有可笑的，怎么你也变了主意呢？你是根据什么呢？那么说，我把写作放在第一位始终是对的。

我也没有胖也没有瘦，在洗澡的地方天天过磅。

对了，今天整整是二十七号，一个月零七天了。

西瓜不好那样多吃，一气吃完是不好的，放下一会再吃。

你说我滚回去，你想我了吗？我可不想你呢，我要在日本住十年。

我没有给淑奇②去信，因为我把她的地址忘了，商铺街十号还是十五号？还是内十五号呢？正想问你，下一信里告诉我吧！

那么周③走了之后，我再给你信，就不要写周转了？

我本打算在二十五号之前再有一个短篇产生，但是没能够，现在要开始一个三万字的短篇了。给《作家》十月号。

---

① 孟：孟十还，原名孟斯根，辽宁人，翻译家。曾与鲁迅合作翻译果戈理的《死魂灵》。

② 淑奇：袁淑奇，萧红、萧军哈尔滨时期的友人。

③ 周：周学谱。

完了就是童话了。我这样童话来、童话去的，将来写不出，可应该觉得不好意思了。

东亚还不开学，只会说几个单字，成句的话，不会。房东还不错，总算比中医房东好。

你等着吧！说不定那一个月，或那一天，我可真要滚回去的。到那时候，我就说你让我回来的。

不写了。

祝好。

吟

八月廿七（日）晚七时

你的信封上带一个小花我可很喜欢，起初我是用手去掀的。

东京趣町区富士见町二丁目九，五中村方

致萧军

1936 年 8 月 30 日

均：

　　二十多天感到困难的呼吸，只有昨夜是平静的，所以今天大大的欢喜，打算要写满十页稿纸。

　　别的没有什么可告诉的了。

　　腿肚上被蚊虫咬了个大包。

莹

八月卅日晚

致萧军

1936 年 8 月 31 日

均：

不得了了！已经打破了纪录，今已经超出了十页稿纸。我感到了大欢喜。但，正在我写这信，外边是大风雨，电灯已经忽明忽灭了几次。我来了一个奇怪的幻想，是不是会地震呢？三万字已经有了二十六页了。不会震掉吧！这真是幼稚的思想。但，说真话，心上总有点不平静，也许是因为"你"不在旁边？

电灯又灭了一次。外面的雷声好像劈裂着什么似的！……我立刻想起了一个新的题材。

从前我对着这雷声，并没有什么感觉，现在不然了，它们都会随时波动着我的灵魂。

灵魂太细微的人同时也一定渺小，所以我并不崇敬我自己。我崇敬粗大的，宽宏的！……

我的表已经十点一刻了，不知你那里是不是也有大风雨？

电灯又灭了一次。

只得问一声晚安放下笔了。

吟

卅一日夜。八月

致萧军

1936 年 9 月 2 日

均：

这样剧烈的肚痛，三年前有过，可是今天又来了这么一次，从早十点痛到两点。虽然是四个钟头，全身就发抖了。洛定片，不好用，吃了四片毫没有用。

稿子到了四十页，现在只得停下，若不然，今天就是五十页，现在也许因为一心一意的缘故，创作得很快，有趣味。

每天我总是十二点或一点睡觉，出息得很，小海豹①也不是小海豹了，非常精神，早睡，睡不着反而乱想一些更不好。不用说，早晨起得还是早的。肚子还是痛，我就在这机会上

———————

① 小海豹：萧军给萧红起的外号。

给你写信，或者凡拉蒙吃下去会好一点，但，这回没有人给买了。

这稿既然长，抄起来一定错字不少，这回得特别加小心。

不多写了。我给你写的信也太多。

祝好。

吟

九月二日

肚子好了。二日五时。

致萧军

1936 年 9 月 4 日

三郎：

五十一页就算完了。自己觉得写得不错，所以很高兴。孟写信来说："可不要和《作家》疏远啊！"这回大概不会说了。

你怎么总也不写信呢？我写五次你才写一次。

肚痛好了。发烧还是发。

我自己觉得满足，一个半月的工夫写了三万字。

补习学校还没有开学。这里又热了几天。今天很凉爽。一开学，我就要上学的，生活太单纯，与精神方面不很好。

昨天我出去，看到一个穿中国衣裳的中国女人，在街上喊住了一个汽车，她拿了一个纸条给了车夫，但没拉她。街上的人都看着她笑，她也一定和我似的是个新飞来的鸟。

到现在，我自己没坐过任何一种车子，走也只走过神保町。

冰淇淋吃得顶少，因为不愿意吃。西瓜还吃，也不如你吃得多。也是不愿意吃。影戏一共看过三次。任何公园没有去过。一天廿四小时三顿饭，一觉，除此即是在椅子上坐着。但也快活。

祝好。

吟

九.四

致萧军

1936 年 9 月 6 日

均：

你总是用那样使我有点感动的称呼叫着我。

但我不是迟疑，我不回去的，既然来了，并且来的时候是打算住到一年，现在还是照着做，学校开学，我就要上学的。

但身体不大好，将来或者治一治。那天的肚痛，到现在还不大好。你是很健康的了，多么黑！好像个体育棒子。不然也像匹小马！你健壮我是第一高兴的。

黎①的刊物②怎么样？没有人告诉我。

---

① 黎：黎烈文（1904—1972），翻译家，湖南湘潭人。

② 刊物：指《中流》，文学半月刊，上海杂志公司发行。

黄来信说《十年》^①一册也要写稿，说你已答应写了，但那东西是个什么呢？

上海那三个孩子怎么样？

你没有请王关石吃一顿饭？我一想起王关石，我就想起你打他的那块石头！袁泰见过？还有那个张？

唐诗我是要看的，快请寄来！精神上的粮食太缺乏！所以也会有病！

不多写了！明年见吧！

莹

九月六日

---

① 《十年》：一九三六年，开明书店为纪念创业十周年，先后出版《十年》和《十年二集》。

致萧军

1936 年 9 月 9 日

三郎：

　　稿子既已交出，这两天没有事做，所以做了一张小手帕，送给你吧！

　　《八》①既已五版，但没有印花的。销路总算不错。现在你在写什么？

　　劳山我也不想去，不过开个玩笑就是了，吓你一跳。我腿细不细的，你也就不用骂！

　　临别时，我不让你写信，是指的罗里罗嗦的信。

_____

　　①《八》：《八月的乡村》，萧军著，一九三五年七月作为"奴隶丛书之二"以容光书局的名义自费出版。

黄来信，说有书寄来，但等了三天，还不到。《江上》①也有，《商市街》也有，还有《译文》②之类。我是渴想着书的，一天二十四小时，既不烧饭，又不谈天，所以一休息下来就觉得天长得很。你靠着电柱读的是什么书呢？普通一类，都可以寄来的，并不用挂号，太费钱，丢是不常丢的。唐诗也快寄来，读读何妨？我就是怎样一个庄严的人，也不至于每天每月庄严到底呀？尤其是诗，读一读就像唱歌似的，情感方面也愉乐一下，不然，这不和白痴过的生活一样吗？写当然我是写的，但一个人若让他一点点也不间断下来，总是想和写，我想是办不到，用功是该用功的，但也要有一点娱乐，不然就像住姑子庵了，所以说来说去，唐诗还是快点寄来。

　　胃还是坏，程度又好像深了一些，饮食我是非常注意，但还不好，总是一天要痛几回。可是回去，我是不回去，来一次不容易，一定要把日文学到可以看书的时候，才回去，这里书真是多得很，住上一年，不用功也差不了。黄来信，说你十月底回上海，那末北平不去了吗？

031

致萧军

---

　　①《江上》：萧军短篇小说集，一九三六年八月由上海文化生活出版社出版。

　　②《译文》：文学月刊，一九三四年九月在上海创刊，生活书店印行。

祝好！

莹

九月九日

　　东亚补习学校，昨天我又跑去看了一次，但看不懂，那招生的广告我到底不知道是招的什么生，过两天再去看。

致萧军

1936 年 9 月 10 日

三郎：

　　我也给你画张图看看，但这是全屋的半面。我的全屋就是六张席子。你的那张图，别的我倒没有什么，只是那两个小西瓜，非常可爱，你怎么也把它们两个画上了呢？假如有我，我就不是把它吃掉了吗？

　　尽胡说，修炼什么？没有什么好修炼的。一年之后，才可看书。

　　今天早晨，发了一信，但不到下午就有书来，也有信来。唐诗，读两首也倒觉不出什么好，别的夜来读。

　　如若在日本住上一年，我想一定没什么长进，死水似的过一年。我也许过不到一年，或几个月就不在这里了。

　　日文我是不大喜欢学，想学俄文，但日语是要学的。

以上是昨天写的。

今天我去交了学费，买了书，十四号上课，十二点四十分起，四个钟头止，多是相当多，课本就有五六本。全是中国人，那个学校就是给中国人预备的。可不知珂来了没有？

三个月，连书在一起二十一一二块钱。本来五号就开课了，但我是错过了的。

现在我打算给奇①她们写信，所以不多写了。

祝好。

吟

九月十日

① 奇：即袁淑奇。

致萧军

1936 年 9 月 12 日

均：

今晨刑事①来过，使我上了一点火，喉咙很痛，麻烦得很，因此我不知住到什么时候就要走的。情感方面很不痛快，又非到我的房间不可，说东说西的。早晨本来我没有起来，房东说要谈就在下面谈吧，但不肯，非到我的房间不可，不知以后还来不来？若再来，我就要走。

华同住的朋友，要到市外去住了，从此连一个认识人也没有。我想这也倒不要紧，我好久未创作，但，又因此不安起来，使我对这个地方的厌倦更加上厌倦。

他妈的，这年头……

---

① 刑事：指日本警察。

我主要的目的是创作，妨害——它是不行的。

本来我很高兴，后天就去上课，但今天这种感觉，使我的心情特别坏。忍耐一个时期再看吧！但青岛我不去，不必等我，你要走尽管走。

你寄来的书，通通读完了。

他妈的，混帐王八蛋。

祝好。

吟

九月十二日

均：

刚才写的信，忘记告诉你了，你给奇写信，告诉她，不要把信寄给我。你转好了。

你的信封面也不要写地址。

致萧军

1936 年 9 月 14 日

均：

你的照片像个小偷。你的信也是两封一齐到。（七日九日两封）

你开口就说我混帐东西，好，你真不佩服我？十天写了五十七页稿纸。

你既然不再北去，那也很好，一个人本来也没有更多的趣味。牛奶我没有吃，力弗肝也没有买，因为不知道外国名字，又不知道卖西洋药的药房，这里对于西洋货排斥得很，不容易买到。肚子痛打止痛针也是不行，一句话不会说，并且这里的医生要钱很多。我想买一瓶凡拉蒙预备着下次肚痛，但不知到那里去买？想问问是无人可问的。

秋天的衣裳，没有买，这里的天气还一点用不着。

我临走时说要给你买一件皮外套的，回上海后，你就要替我买给你自己。四十元左右。我的一些零碎的收入，不要他们寄来，直接你去取好了。

心情又闹坏了，不然这两天就要开始新的。但，停住了。睡觉也不好起来，想来想去。他妈的，再来麻烦，我可就不受了。

我给萧乾的文章，黄也一并交给黎了，你将来见到萧时，说一声对不住。

祝好。

荣子①

九月十四日

关于信封，你就一连串写下来好了，不必加点号。

———————

① 荣子：萧红乳名荣华。

致萧军

1936 年 9 月 17 日

均：

　　近来我的身体很不健康，我想你也晓得，说不定那天就
要回去的，所以暂且不要有来信。

　　房东既不会讲话，丢掉了不大好。我是时时给你写信的。
我还很爱这里，假若可能我还要住到一年。

　　你若来信，报报平安也未尝不可。

小鹅[①]

九月十七日

---

　　① 小鹅：萧军给萧红起的外号。

筆十七信

增：

近来弟的身体很不健康，血壓偏也晚得，很久生的天

都要回工作，所又新。见了要有来信。

————弟东坑了会懷没，长祥了又大好，都是你也你们吗了你们的。

都还很要记得，俗毫了新别还要作新一年。

你毫来信，都平安也来看完了。

小龍

九月十七日

致萧军

1936 年 9 月 19 日

均：

前一封信，我怕你不懂，健康二字非作本意来解。

学校我每天去上课，现在我一面喝牛奶一面写信给你，你十三和十四日发来的信，一齐接到，这次的信非常快，只要四五天。

我的房东很好，她还常常送我一些礼物，比方糖、花生、饼干、苹果、葡萄之类，还有一盆花，就摆在窗台上。我给你的书签，谢也不谢，真可恶！以后什么也不给你。

我告诉你，我的期限是一个月，童话终了为止，也就是十月十五前。

来信尽管写些家常话。医生我是不能去看的，你将来问华就知道这边的情形了。

上海常常有刊物寄来，现在我已经不再要了。这一个月，什么事也不管，只要努力童话。

小花叶我把它放到箱子里去。

祝好。

小鹅

九月十九日

致萧军

1936年9月21日

均:

　　昨天和今天都是下雨,我上课回来是遇着毛毛雨,所以淋得不很湿。现在我有雨鞋了,但,是男人的样子,所以走在街上有许多人笑,这个地方就是如此守旧的地方,假若衣裳你不和她们穿得同样,谁都要笑你,日本女人穿西装,罗里罗嗦,但你也必得和她一样罗嗦,假若整齐一些,或是她们没有见过的,人们就要笑。

　　上课的时间真是够多的,整个下半天就为着日语消费了去。今天上到第三堂的时候,我的胃就很痛,勉强支持过来了。

　　这几天很凉了,我买了一件小毛衣(二元五),将来再冷,我就把大毛衣穿上。我想我的衣裳一定可以支持到下月半。

　　你替我买给你自己的外套,回去就应该买。

我很爱夜，这里的夜，非常沉静，每夜我要醒几次的，每醒来总是立刻又昏昏的睡去，特别安静，又特别舒适。早晨也是好的，阳光还没晒到我的窗上，我就起来了，想想什么，或是吃点什么。这三两天之内，我的心又安然下来了。什么人什么命，吓了一下，不在乎。

孟有信来，说我回去吧！在这住有什么意思呢？

现在我一个人搭了几次高架电车，很快，并且还钻洞，我觉得很好玩，不是说好玩，而说有意思。因为你说过，女人这个也好玩那个也好玩。上回把我丢了，因为不到站我就下来了，走出了车站看看不对，那么往那里走呢？我自己也不知道，瞎走吧，反正我记住了我的住址。可笑的是华在的时候，告诉我空中飞着的大气球是什么商店的广告，那商店就离学校不远，我一看到那大球，就奔着去了，于是总算没有丢。

信写到此地，季刊①来了。翻着看了半天，把那随笔二篇看了半天，其中很有情感，别无所取。

虹②没有信来，你告诉他也不要来信了，别人也告诉不要

---

① 季刊：《文季月刊》。原为《文学季刊》，一九三四年一月一日创刊于北平，一九三五年十二月十六日停刊。一九三六年六月一日，在上海复刊，巴金、靳以合编。

② 虹：罗烽（1909—1991），原名傅乃琦，辽宁沈阳人。一九三五年加入"左联"，著有短篇小说集《呼兰河边》、中篇小说集《粮食》、剧本《台儿庄》等。

来信了。

　　这是你在青岛我给你的末一封信。再写信就是上海了。船上买一点水果带着，但不要吃鸡子，那东西不消化。饼干是可以带的。

　　祝好。

小鹅

九月二十一日

致萧军

1936 年 9 月 22 日

均：

昨天下午接到你两封信。看了好几遍，本来前一信我说不再往青岛去信了，可是又不能不写了。既接到信，也总是想回的，不管有事没有事。

今天放假，日本的什么节。

《第三代》[①]居然间上一部快完了，真是能耐不小！大概我写信时就已经完了。

小东西，你还认得那是你裤子上剩下来的绸子？

坏得很，跟外国孩子去骂嘴！

水果我还是不常吃，因为不喜欢。

---

① 第三代：萧军的长篇小说《第三代》。

因为下雨所以你想我了，我也有些想你呢！这里也是两
三天没有晴天。

　　不写了。

莹

九月廿二日

致萧军

1936 年 10 月 13 日

均：

　　我不回去了，来回乱跑，罗罗嗦嗦，想来想去，还是住下去吧！若真不得已那是没有法子。不过现在很平安。

　　近一个月来，又是空过的，日子过得不算舒服。

　　奇他们很好？小奇赶上小明①那样可爱不？一晃三年不见他们了。奇一定是关于我问来问去吧？你没问俄文先生怎么样？他们今后打算住在什么地方呢？他们的经济情形如何？

　　天冷了，秋雨整天的下了，钱也快完了。请寄来一些吧！还有三十多元在手中，等钱到我才去买外套。月底我想一定会到的。

---

　　① 小奇、小明：袁淑奇的两个孩子。

你的精神为了旅行很快活吧？

我已写信给孟，若你不在就请他寄来。

我很好。在电影上我看到了北四川路，我也看到了施高塔路，那一刻我的心是忐忑不安的。我想到了病老而且又在奔波里的人了。

祝好。

吟

十月十三日

致萧军

1936 年 10 月 20 日

均：

我这里很平安，绝对不回去了。胃病已好了大半，头痛的次数也减少。至于意外，我想是不会有的了。因为我的生活非常简单，每天的出入是有次数的，大概被"跟"了些日子，后来也就不跟了。本来在未来这里之前也就想到了这层，现在依然是照着初来的意思，住到明年。

现在我的钱用到不够二十元了，觉得没有浪费，但用的也不算少数。希望月底把钱寄来，在国外没有归国的路费在手里是觉得没有把握的，而且没有熟人。

今天少上了一课，一进门，就在席子上面躺着一封信，起初我以为是珂来的，因为你的字真是有点像珂。此句我懂了。（但你的文法，我是不大明白的，"同来者有之明，奇现在天津，暂时不来。"我照原句抄下的。你看看吧。）

六元钱买了一套洋装（裙与上衣），毛线的。还买了草褥，五元。我的房间收拾得非常整齐，好像等待着客人的到来一样。草褥折起来当作沙发，还有一个小圆桌，桌上还站着一瓶红色的酒。酒瓶下面站着一对金酒杯。大概在一个地方住得久了一点，也总是开心些的，因为我感觉到我的心情好像开始要管到一些在我身外的装点，虽然房间里边挂起一张小画片来，不算什么，是平常的，但，那须要多么大的热情来做这一点小事呢？非亲身感到的是不知道。我刚来的时候，就是前半个月吧，我也没有这样的要求。

日语教得非常多，大概要想通通记得住非整天的工夫不可，我是不肯，而且我的时间也不够用。总是好坐下来想想。

报上说是 L.^① 来这里了？

我去洗澡去，不写了。

明。我在这里和你握手了。

吟

十月廿日

---

① L.：鲁迅。鲁迅一九三六年十月十九日逝世，日本报纸十月二十日登载了鲁迅逝世的消息。萧红不是太懂日文，误以为鲁迅到了日本。

致萧军

1936 年 10 月 21 日

均:

昨天发的信,但现在一空下来就又想写点了。你们找的房子在那里?多么大?好不好?这些问题虽然现在是和我无关了,但总禁不住要想。真是不巧,若不然我们和明他们在一起住上几个日子。

明,他也可以给我写点关于他新生活的愿望吗?因为我什么也不知道。小奇什么样?好教人喜欢的孩子吗?均,你是什么都看到了,我是什么也没看到。

均,你看我什么时候总好欠个小账,昨天在夜市的一个小摊子上欠了六分钱,写完了这一页纸就要去还的。

前些日子我还买了一本画册打算送给 L.。但现在这画只得留着自己来看了。我是非常爱这画册,若不然我想寄给你,但你也一定不怎么喜欢，所以这念头就打消了。

下了三天昼夜没有断的小雨，今天晴了，心情也新鲜了一些。

小沙发对于我简直是一个客人，在我的生活上简直是一件重大的事情，它给我减去了不少的孤独之感。总是坐在墙角在陪着我。

奇什么时候南来呢？

祝好。

吟

十月廿一日

致萧军

1936 年 10 月 24 日

军：

关于周先生^①的死，二十一日的报上，我就渺渺茫茫知道一点，但我不相信自己是对的，我跑去问了那唯一的熟人，她说："你是不懂日本文的，你看错了。"我很希望我是看错，所以很安心的回来了，虽然去的时候是流着眼泪。

昨夜，我是不能不哭了。我看到一张中国报上清清楚楚登着他的照片，而且是那么痛苦的一刻。可惜我的哭声不能和你们的哭声混在一道。

现在他已经是离开我们五天了，不知现在他睡到那里去了？虽然在三个月前向他告别的时候，他是坐在藤椅上，而

---

① 周先生：鲁迅。

且说："每到码头，就有验病的上来，不要怕，中国人就专会吓呼中国人，茶房就会说：验病的来啦！来啦！……"

我等着你的信来。

可怕的是许女士^①的悲痛，想个法子，好好安慰着她，最好是使她不要静下来，多多地和她来往。过了这一个最难忍的痛苦的初期，以后总是比开头容易平伏下来。还有那孩子^②，我真不能够想像了。我想一步踏了回来，这想像的时间，在一个完全孤独了的人是多么可怕！

最后你替我去送一个花圈或是什么。

告诉许女士：看在孩子的面上，不要太多哭。

红

十月二十四日

---

① 许女士：许广平。

② 孩子：鲁迅与许广平之子周海婴。

致萧军

1936 年 10 月 29 日

均：

挂号信收到。四十一元二角五的汇票，明天去领。二十号给你一信，二十四又一信，大概也都收到了吧？

你的房子虽然贵一点，但也不要紧，过过冬再说吧，外国人家的房子，大半不坏，冬天装起火炉来，暖烘烘的住上三两月再说，房钱虽贵，我主张你是不必再搬的，一个人，还不比两个人，若冷清清地过着冬夜，那赶上上冰山一样了。也许你不然，我就不行，我总是这么没出息，虽然是三个月不见了，但没出息还是没出息。不过回去我是不回去的。奇来了时，你和明他们在一道也很热闹了。

钱到手就要没有的，要去买件夹外套，这几天就很冷了。余下的钱，我想在十一月一个整月就要不够。既住下去，钱少总害怕，而且怕生病，怕打仗。在这里是绝对孤独的。一百元不知能弄到不能？请你下一封信回我。总要有路费留在手里才放心。

这几天，火上得不小，嘴唇又全烧破了。其实一个人的死是必然的，但知道那道理是道理，情感上就总不行。我们刚来到上海的时候，另外不认识更多的一个人了。在冷清清的亭子间里读着他①的信，只有他，安慰着两个飘泊的灵魂！……写到这里鼻子就酸了。

均：童话未能开始，我也不再作那计画了，太难，我的民间生活不够用的。现在开始一个两万字的，大约下月五号完毕。之后，就要来一个十万字的了，在十二月以内可以使你读到原稿。

日语懂了一些了。

日本乐器，"筝"在我的邻居家里响着。不敢说是思乡，也不敢说是思什么，但就总想哭。

什么也不再写下去了。

河清②，我向你问好。

吟

十月廿九日

————————

① 他：指鲁迅先生。

② 河清：黄源。

致萧军

1936 年 11 月 2 日

三郎：

廿四日的信，早接到了，汇票今天才来。

郁达夫的讲演今天听过了，会场不大，差一点没把门挤掉下来，我虽然是买了票的，但也和没有买票的一样，没有得到位置，是被压在了门口，还好，看人还不讨厌。

近来水果吃得很多，因为大便不通的缘故，每次大便必要流血。

东亚学校，十二月二十三日第一期终了，第二期我打算到一个私人教授的地方去读，一面是读读小说，一方面可以少费些时间，这两个月什么也没有写，大概也许太忙了的缘故。

寄来那张译的原稿也读过了，很不错，文章刚发表就有人注意到了。

这里的天气还不算冷，房间里生了火盆，它就像一个伙伴似的陪着我。花，不买了，酒也不想喝，对于一切都不大有趣味，夜里看着窗棂和空空的四壁，对于一个年青的有热情的人，这是绝大的残酷，但对于我还好，人到了中年总是能熬住一点火焰的。

珂要来就来吧！可能照理他的地方，照理他一点，不能的地方就让他自己找路去走，至于"被迫"，我也想不出来是被什么所迫。

奇她们已经安定下来了吧？两三年的工夫，就都兵荒马乱起来了，牵牛房的那些朋友们，都东流西散了。

许女士也是命苦的人，小时候就死去了父母，她读书的时候，也是勉强挣扎着读的，她为人家做过家庭教师，还在课余替人家抄写过什么纸张，她被传染了猩红热的时候是在朋友的父亲家里养好的。这可见她过去的孤零，可是现在又孤零了。孩子还小，还不能懂得母亲。既然住得很近，你可替我多跑两趟。别的朋友也可约同他们常到她家去玩，L.没完成的事业，我们是接受下来了，但他的爱人，留给谁了呢？

不写了，祝好。

荣子

十一月二日

致萧军

1936 年 11 月 6 日

均：

《第三代》写得不错，虽然没有读到多少。

《为了爱的缘故》[1]也读过了，你真是还记得很清楚，我把那些小节都模糊了去。

不知为什么，又来了四十元的汇票，是从邮局寄来的，也许你怕上次的没有接到？

我每天还是四点的功课，自己以为日语懂了一些，但找一本书一读还是什么也不知道。还不行，大概再有两月许是将就着可以读了吧？但愿自己是这样。

奇来了没有？

―――――――――

① 《为了爱的缘故》：萧军的短篇小说。

你的房子还是不要搬，我的意思是如此。

在那《爱……》的文章里面，芹简直和幽灵差不多了，读了使自己感到了颤栗，因为自己也不认识自己了。我想我们吵嘴之类，也都是因为了那样的根源——就是为一个人的打算，还是为多数人打算。从此我可就不愿再那样妨害你了。你有你的自由了。

祝好。

吟

十一月六日

手套我还没有寄出，因为我还要给河清买一副。

致萧军

1936 年 11 月 9 日

均：

昨夜接到一信，今晨接到一信。

关于回忆 L. 一类的文章，一时写不出，不是文章难作，倒是情绪方面难以处理。本来是活人，强要说他死了！一这么想，就非常难过。

许，她还关心别人？她自己就够使人关心的了。

"刊物"是怎样性质呢？和《中流》差不多？为什么老胡①就连文章也不常见了呢？现在寄去手套两副，河清一副，你一副。

——————————

① 老胡：胡风（1902—1985）。

短篇没有写完。完时即寄出。

祝好。

荣子

十一月九日

致萧军

1936 年 11 月 19 日

均：

因为夜里发烧，一个月来，就是嘴唇，这一块那一块地破着，精神也烦躁得很，所以一直把工作停了下来。想了些无用的和辽远的想头。文章一时寄不去。

买了三张画，东墙上一张南墙上一张北墙上一张，一张是一男一女在长廊上相会，廊口处站着一个弹琴的女人。还有一张是关于战争的，在一个破屋子里把花瓶打碎了，因为喝了酒，军人穿着绿裤子就跳舞，我最喜欢的是第三张，一个小孩睡在檐下了，在椅子上，靠着软枕。旁边来了的，大概是她的母亲，在栅栏外肩着大镰刀的大概是她的父亲。那檐下方块石头的廊道，那远处微红的晚天，那茅草的屋檐，檐下开着的格窗，那孩子双双的垂着的两条小腿。真是好，不瞒你说，因为看到了那女孩好像看到了我自己似的，我小的时候就是那样，所以我很爱她。

投主称王，这是要费一些心思的，但也不必太费，反正自己最重要的是工作，为大体着想，也是工作。聚合能工作一方面的，有个团体，力量可能充足，我想主要的特色是在人上，自己来罢，投什么主，谁配作主？去他妈的。说到这里，不能不伤心，我们的老将去了还不几天啊！

关于周先生的全集，能不能很快的集起来呢？我想中国人集中国人的文章总比日本集他的方便，这里，在十一月里他的全集就要出版，这真可佩服。我想找胡[①]、聂[②]、黄等诸人，立刻就商量起来。

《商市街》被人家喜欢，也很感谢。

莉[③]有信来，孩子死了，那孩子的命不大好，活着尽生病。

这里没有书看，有时候自己很生气。看看《水浒》吧！看着看着就睡着了，夜半里的头痛和恶梦对于我是非常坏。前夜就是那样醒来的，而不敢再睡了。

---

① 胡：胡风。

② 聂：聂绀弩（1903—1986），现代散文家、诗人，湖北京山人。

③ 莉：白朗（1912—1994），现代小说家，原名刘东兰，辽宁沈阳人。

我的那瓶红色酒，到现在还是多半瓶，前天我偶然借了房东的锅子烧了点菜，就在火盆上烧的（对了，我还没告诉你，我已经买了火盆，前天是星期日，我来试试）。小桌子，摆好了，但吃起来不是滋味，于是反受了感触，我虽不是什么多情的人，但也有些感触，于是把房东的孩子唤来，对面吃了。

地震，真是骇人，小的没有什么，上次震得可不小，两三分钟，房子格格地响着，表在墙上摇着。天还未明，我开了灯，也被震灭了，我懵里懵中地穿着短衣裳跑下楼去，房东也起来了，他们好像要逃的样子，隔壁的老太婆叫唤着我，开着门，人却没有应声，等她看到我是在楼下，大家大笑了一场。

纸烟向来不抽了，可是近几天忽然又挂在嘴上。

胃很好，很能吃，就好像我们在顶穷的时候那样，就连块面包皮也是喜欢的，点心之类，不敢买，买了就放不下。也许因为日本饭没有油水的关系，早饭一毛钱，晚饭两毛钱，中午两片面包一瓶牛奶。越能吃，我越节制着它，我想胃病好了也就是这原因。但是闲饥难忍，这是不错的。但就把自己布置到这里了，精神上的不能忍也忍了下去，何况这一个饥呢？

又收到了五十元的汇票，不少了。你的费用也不小，再有钱就留下你用吧，明年一月末，照预算是够了的。

前些日子，总梦想着今冬要去滑冰，这里的别的东西都贵，只有滑冰鞋又好又便宜，旧货店门口，挂着的崭新的，简直看不出是旧货，鞋和刀子都好，十一元。还有八九元的也好。但滑冰场一点钟的门票五角。还离得很远，车钱不算，我合计一下，这干不得。我又打算随时买一点旧画，中国是没处买的，一方面留着带回国去，一方面围着火盆来看一看，消消寂寞。均：你是还没过过这样的生活，和蛹一样，自己被卷在茧里去了。希望固然有，目的也固然有，但是都那么远和那么大。人尽靠着远的和大的来生活是不行的，虽然生活是为着将来而不是为着现在。

窗上洒满着白月的当儿，我愿意关了灯，坐下来沉默一些时候，就在这沉默中，忽然像有警钟似地来到我的心上："这不就是我的黄金时代吗？此刻。"于是我摸着桌布，回身摸着藤椅的边沿，而后把手举到面前，模模糊糊的，但确认定这是自己的手，而后再看到那单细的窗棂上去。是的，自己就在日本。自由和舒适，平静和安闲，经济一点也不压迫，这真是黄金时代，但又是多么寂寞的黄金时代呀！别人的黄金时代是舒展着翅膀过的，而我的黄金时代，是在笼子过的。从此我又想到了别的，什么事来到我这里就不对了，也不是时候了。对于自己的平安，显然是有些不惯，所以又爱这平安，又怕这平安。

均：上面又写了一些怕又引起你误解的一些话，因为一向你看得我很弱。

　　前天我还给奇一信。这信就给她看看吧！

　　许君处，替我问候。

哈

十一月十九日

致萧军

1936 年 11 月 24 日

三朗：

　　我忽然间想起来了，姚克^①不是在电影方面活动吗？那个《弃儿》的脚本，我想一想很够一个影戏的格式，不好再修改和整理一下给他去上演吗？得进一步，就进一步，除开文章的领域，再另外抓到一个启发人们灵魂的境界。况且在现时代影戏也是一大部分传达情感的好工具。

　　这里，明天我去听一个日本人的讲演，是一个政治上的命题。我已经买了票，五角钱，听两次，下一次还有郁达夫，听一听试试。

　　近两天来，头痛了多次，有药吃，也总不要紧，但心情

---

　　① 姚克（1905—1991）：翻译家、剧作家，原名姚志伊、姚莘农，笔名姚克。

不好，这也没什么，过两天就好了。

《桥》①也出版了？那么《绿叶的故事》②也出版了吧？关于这两本书我的兴味都不高。

现在我所高兴的就是日文进步很快，一本《文学案内》翻来翻去，读懂了一些。是不错，大半都懂了，两个多月的工夫，这成绩，在我就很知足了。倒是日语容易得很，别国的文字，读上两年也没有这成绩。

许的信，还没写，不知道说什么好，我怕目的是想安慰她，相反的，又要引起她的悲哀来。你见着她家的那两个老娘姨也说我问她们好。

你一定要去买一个软一点的枕头，否则使我不放心，因为我一睡到这枕头上，我就想起来了，很硬，头痛与枕头大有关系。

黑人现在怎么样？

我对于绘画总是很有趣味，我想将来我一定要在那上面用功夫的。我有一个到法国去研究画的欲望，听人说，一个月只要一百元。我这个地方也要五十元的。况且在法国可以随时找点工作。

---

①《桥》：萧红散文、短篇小说集，一九三六年十一月由上海文化生活出版社出版，署名悄吟。

②《绿叶的故事》：萧军诗歌、散文合集，一九三六年十二月由上海文化生活出版社出版。

现在我随时记下来一些短句，我不寄给你，打算寄给河清，因为你一看，就非成了"寂寂寞寞"不可，生人看看，或者有点新的趣味。

到墓地去烧刊物[1]，这真是"洋迷信"，"洋乡愚"，说来又伤心，写好的原稿也烧去让他改改，回头再发表吧！烧刊物虽愚蠢，但情感是深刻的。

这又是深夜，并且躺着写信。现在不到十二点，我是睡不下的，不怪说，作了"太太"就愚蠢了，从此看来，大半是愚蠢的。

祝好。

荣子

十一月廿四日

---

① 烧刊物：萧军在鲁迅逝世周月时，到鲁迅墓地把新出版的《作家》《译文》《中流》各烧了一本。

致萧军

1936 年 12 月 5 日

三郎：

你且不要太猛撞，我是知道近来你们那地方的气候是不大好的。

孙梅陵也来了，夫妻两个？

珂到上海来，竟来得这样快，真是使我吃惊。暂时让他住在那里吧，我也是不能给他决定，看他来信再说。

我并不是吹牛，我是真去听了，并且还听懂了，你先不用忌妒，我告诉你，是有翻译的。

你的大琴的经过，好像小说上的故事似的，带着它去修理，反而更打碎了它。

不过说翻译小说那件事，只得由你选了，手里没有书，那一块喜欢和不喜欢也忘记了。

我想《发誓》^①的那段好，还是最后的那段？不然就：《手》^②或者《家族以外的人》^③吧！作品少，也就不容选择了。随便。自传的五六百字，三二日之间当作好。

清^④说：你近来的喝酒是在报复我的吃烟，这不应该了，你不能和一个草叶来分胜负，真的，我孤独得和一张草叶似的了。我们刚来上海时，那滋味你是忘记了，而我又在开头尝着。

祝好。

荣子

十二月五日

---

①《发誓》：萧红中篇小说《生死场》第十三章《你要死灭吗？》中的一节。

②《手》：萧红短篇小说，载一九三六年四月十五日《作家》创刊号。

③《家族以外的人》：萧红短篇小说，载《作家》第二卷第一号、第二号。

④ 清：黄源。

致萧军

1936 年 12 月 15 日

三郎:

　　我没有迟疑过,我一直是没有回去的意思,那不过偶而说着玩的。至于有一次真想回去,那是外来的原因,而不是我自己的自动。

　　大概你又忘了,夜里又吃东西了吧?夜里在外国酒店喝酒,同时也要吃点下酒的东西的,是不是?不要吃,夜里吃东西在你很不合适。

　　你的被子比我的还薄,不用说是不合用的了,连我的夜里也是凉凉的。你自己用三块钱去买一张棉花,把你的被子带到淑奇家去,请她替你把棉花加进去。如若手头有钱,就到外国店铺买一张被子,免得烦劳人。

　　我告诉你的话,你一样也不做,虽然小事,你就总使我不安心。

身体是不很佳，自己也说不出有什么毛病，沈女士近来一见到就说我的面孔是膨胀的，并且苍白。我也相信，也不大相信，因为一向是这个样子，就没希奇了。

前天又重头痛一次，这虽然不能怎样很重的打击了我（因为痛惯了的缘故），但当时那种切实的痛苦无论如何也是真切的感到。算来头痛已经四五年了，这四五年中头痛药不知吃了多少。当痛楚一来到时，也想赶快把它医好吧，但一停止了痛楚，又总是不必了。因为头痛不至于死，现在是有钱了，连这样小病也不得了起来，不是连吃饭的钱也刚刚不成问题吗？所以还是不回去。

人们都说我身体不好，其实我的身体是很好的，若换一个人，给他四五年间不断的头痛，我想不知道他的身体还好不好？所以我相信我自己是健康的。

周先生的画片①，我是连看也不愿意看的，看了就难过。海婴想爸爸不想？

这地方，对于我是一点留恋也没有，若回去就不用想再来了，所以莫如一起多住些日子。

现在很多的话，都可以懂了，即是找找房子，与房东办办交涉也差不多行了。大概这因为东亚学校钟点太多，先生

---

① 周先生的画片：日本画家为鲁迅画的临终画像。

在课堂上多半也是说日本话的。现在想起初来日本的时候，华走了以后的时候，那真是困难到极点了。几乎是熬不住。

珂，既然家有信来，还是要好好替他打算一下，把利害说给他，取决当然在于他自己了，我离得这样远，关于他的情形，我总不能十分知道，上次你的信是问我的意见，当时我也不知为什么他来到了上海。他已经有信来，大半是为了找我们，固然他有他的痛苦，可是找到了我们，能知道他接着就不又有新的痛苦吗？虽然他给我的信上说着"我并不忧于流浪"，而且又说，他将来要找一点事做，以维持生活，我是知道的，上海找事，那里找去。我是总怕他的生活成问题，又年青，精神方面又敏感，若一下子挣扎不好，就要失掉了永久的力量。我看既然与家庭没有断掉关系，可以到北平去读书，若不愿意重来这里的话。

这里短时间住住则可，把日语学学，长了是熬不住的，若留学，这里我也不赞成，日本比我们中国还病态，还干枯，这里没有健康的灵魂，不是生活。中国人的灵魂在全世界中说起来，就是病态的灵魂，到了日本，日本比我们更病态。既是中国人，就更不应该来到日本留学，他们人民的生活，一点自由也没有，一天到晚，连一点声音也听不到，所有的住宅都像空着，而且没有住人的样子。一天到晚歌声是没有的，哭声笑声也都没有。夜里从窗子往外看去，家屋就都黑了，灯光也都被关在板窗里面。日本人民的生活，真是可怜，只有工作，工作得和鬼一样，所以他们的生活完全是阴森的。中国人有一种民族的病态，我们想改正它还来不及，再到这个地方和日本人学习，这是一种病态上再加上病态。我说的不是日本没有可学的，所差的只是他的不健康处也正是我们的不健康处，为着健康起见，好处也只得丢开了。

　　再说另一件事，明年春天，你可以自己再到自己所愿的地方去逍遥一趟。我就只逍遥在这里了。

　　礼拜六夜（即十二日），我是住在沈女士住所的，早晨天还未明，就读到了报纸，这样的大变动使我们惊慌了一天，上海究竟怎么样，只有等着你的来信。

　　新年好。

荣子

十二月十五日

"日本东京趣町区"只要如此写，不必加标点。

致萧军

1936 年 12 月 18 日

三郎：

今日东京大风而奇暖。

很有新年的气味了，在街上走走反倒不舒服起来，人家欢欢乐乐，但是与我无关，所谓趣味，则就必有我，倘若无我，那就一切无所谓了。

我想今天该有信了，可是还没有。失望失望。

学校只有四天课了，完了就要休息十天，而后再说，或是另外寻先生，或是仍在那个学校读下去。

我很想看看奇和珂，但也不能因此就回来，也就算了。

一月里要出的刊物，这回怕是不能成功了吧？你们忙一些什么？离着远了，而还要时时想着你们这方面，真是不舒服，莫如索性连问也不问，连听也不听。

三代这回可真得搬家了，开开玩笑的事情，这回可成了真的。

新年了，没有别的所要的，只是希望寄几本小说来，不用挂号，丢不了。《复活》，新出的《骑马而去的妇人》，还有别的我也想不出来，总之在这期中，那怕有多少书也要读空的。可惜要读的时候，书反而没有了。我不知你寄书有什么不方便处没有？若不便，那就不敢劳驾了。

祝好。

荣子

十二月十八日夜

三匹小猫是给奇的。

奇的住址，是"巴里"，是什么里，她写得不清，上一封信，不知道她接到不接到，我是寄到"巴里"的。

致萧军

1936 年 12 月 31 日

军：

你亦人也，吾亦人也，你则健康，我则多病，常兴健牛与病驴之感，故每暗中惭愧。

现在头亦不痛，脚亦不痛，勿劳念念耳。

专此

年禧。

莹

十二月末日

致萧军

1937 年 1 月 4 日

军：

　　新年都没有什么乐事可告，只是邻居着了一场大火。我
却没有受惊，因在沈女士处过夜。

　　二号接到你的一封信，也接到珂的信。这是他关于你的
鉴赏。今寄上。

　　祝好。

　　　　　　　　　　　　　　　　　　　　　荣子

　　　　　　　　　　　　　　　　　　　　　一月四日

　　附：张秀珂给萧红关于萧军印象的信：

　　有一件事我高兴说给你：军，虽然以前我们没会过面，
然而我从像片和书中看到他的豪爽和正义感，不过待到这几

天的相处以来，更加证实、更加逼真，昨天我们一同吃西餐，在席上略微饮点酒，出来时，我看他脸很红，好像为一件感情所激动，我虽然不明白，然而我了解他，我觉得喜欢且可爱！

致萧军

1937 年 4 月 25 日

军：

　　现在是下午两点，火车摇得很厉害，几乎写不成字。

　　火车已经过了黄河桥，但我的心好像仍然在悬空着，一路上看些被砍折的秃树，白色的鸭鹅和一些从西安回来的东北军。马匹就在铁道旁吃草，也有的成排的站在运货的车厢里边，马的背脊成了一条线，好像鱼的背脊一样。而车厢上则写着津浦。

　　我带的苹果吃了一个，纸烟只吃了三两棵。一切欲望好像都不怎样大，只觉得厌烦，厌烦。

　　这是第三天的上午九时，车停在一个小站，这时候我坐在会客室里，窗外平地上尽是些坟墓，远处并且飞着乌鸦和别的大鸟。从昨夜已经是来在了北方。今晨起得很早，因为天晴太阳好，贪看一些野景。

不知你正在思索一些什么？

方才经过了两片梨树地，很好看的，在朝雾里边它们隐隐约约的发着白色。

东北军从并行的一条铁道上被运过去那么许多，不仅是一两趟车，我看见的就有三四次了。他们都弄得和泥猴一样，他们和马匹一样在冒着小雨，他们的欢喜不知是从那里得来，还闹着笑着。

车一开起来，字就写不好了。

唐官一带的土地，还保持着土地原来的颜色。有的正在下种，有的黑牛或白马在上面拉着犁杖。

这信本想昨天就寄，但没找到邮筒，写着看吧！

刚一到来，我就到了迎贤公寓，不好。于是就到了中央饭店住下，一天两块钱。

立刻我就去找周①的家，这真是怪事，那里有？洋车跑到宣外，问了警察也说太平桥只在宣内，宣外另有个别的桥，究竟是个什么桥，我也不知道。于是就跑到宣内的太平桥，二十五号是找到了，但没有姓周的，无论姓什么的也没有，只是一家粮米铺。于是我游了我的旧居，那已经改成一家公寓了。我又找了姓胡的旧同学，门房说是胡小姐已经不在，那意思大概是出嫁了。

_____

① 周：周香谷，萧军讲武堂时期的同学。

北平的尘土几乎是把我的眼睛迷住，使我真是恼丧，那种破落的滋味立刻浮上心头。

于是我跑到李镜之①七年前他在那里做事的学校去，真是七年间相同一日，他仍在那里做事。听差告诉我，他的家就住在学校的旁边，当时实在使我难以相信。我跑到他家里去，看到了儿女一大群。于是又知道了李洁吾②，他也有一个小孩了，晚饭就吃在他家里，他太太烧的面条。饭后谈了一些时候，关于我的消息，知道得不少，有的是从文章上得知，有的是从传言。九时许，他送出胡同来，替我叫了洋车，我自归来就寝。总算不错，到底有个熟人。

明天他们替我看房子，旅馆不能多住的，明天就有了决定。

并且我还要到宣外去找那个什么桥，一定是你把地址弄错，不然绝不会找不到的。

祝你饮食和起居一切平安。

珂同此。

荣子

四月廿五日夜一时

---

① 李镜之：萧红一九三〇年在北师大女附中上学时的老师。
② 李洁吾：萧红在北师大女附中上学时的友人。

致萧军

1937 年 4 月 27 日

均：

前天下午搬到洁吾家来住，我自己占据了一间房。二三日内我就搬到北辰宫去住下，这里一个人找房子很难，而且一时不容易找到。北辰宫是个公寓，比较阔气，房租每月二十四也或者三十元，因为一间空房没有，所以暂且等待两天。前天为了房子的事，我很着急。思索了半天才下了决心，住吧！或者能够多做点事，有点代价就什么都有了。

现在他们夫妇都出去了，在院心我替他们看管孩子。院心种着两棵梨树，正开着白花，公园或者北海，我还没有去过，坐在家里和他们闲谈了两天，知道他们夫妇彼此各有痛苦。我真奇怪，谁家都是这样，这真是发疯的社会。可笑的是我竟成了老大哥一样给他们说着道理。

淑奇这两天来没有来？你的精神怎么样？珂的事情决定了没有？我本想寄航空信给你，但邮政总局离得太远，你一定等信等得很急。

"八月"①和"生"②这地方老早就已买不到了，不知是什么原因，至于翻版更不得见。请各寄两本来，送送朋友。洁吾关于我们的生活从文字上知道的。差不多我们的文章他全读过，就连"大连丸"③他也读过，他常常想着你的长样如何？等看到了照像看了好多时候。他说你是很厉害的人物，并且有魄力。我听了很替你高兴。他说从第三代上就能看得出来。

虽然来到了四五天，还没有安心，等搬了一定的住处就好了。

你喝酒多少？

我很想念我的小屋，花盆浇水了没有？

昨天夜里就搬到北辰宫来，房间不算好，每月二十四元。

住着看，也许住上五天六天的，在这期间我自己出去观看民房。

到今天已是一个礼拜了，还是安不下心来，人这动物，真不是好动物。

周家我暂时不去了，等你来信再说。

087
致
萧
军

---

① "八月"：萧军的中篇小说《八月的乡村》。

② "生"：萧红的中篇小说《生死场》。

③ "大连丸"：萧军的散文《大连丸上》。

写信请寄到北平东城北池子头条七号李家即可。

你的那篇东西做出去没有？

荣子

四月廿七日

致萧军

1937 年 5 月 3 日

军：

昨天看的电影：茶花女，还好。今天到东安市场吃完饭回来，睡了一觉。现在是下午六点，在我未开笔写这信的之前，是在读海上述林。很好，读得很有趣味。

但心情又和在日本差不多，虽然有两个熟人，也还是差不多。

我一定应该工作的，工作起来，就一切充实了。

你不要喝酒了，听人说，酒能够伤肝，若有了肝病，那是不好治的。就是所谓肝气病。

北平虽然吃的好，但一个人吃起来不是滋味。于是也就马马虎虎了。

我想你应该有信来了，不见你的信，好像总有一件事，
我希望快来信！

　　珂好！

　　奇好！

　　你也好！

荣子

五月三日

　　通讯：北平东城北池子头条七号李家转。

致萧军

1937 年 5 月 4 日

军：

昨天又寄一信，我总觉我的信都寄得那么慢，不然为什么已经这些天了还没能知道一点你的消息？其实是我个人性急而不推想一下邮便所必须费去的日子。

连这封信，是第四封了。我想那时候我真是为别离所慌乱了，不然为什么写错了一个号数？就连昨天寄的这信，也写的是那个错的号数，不知可能不丢么？

我虽写信并不写什么痛苦的字眼，说话也尽是欢快的话语；但我的心就像被浸在毒汁里那么黑暗，浸得久了，或者我的心会被淹死的，我知道这是不对，我时时在批判着自己，但这是情感，我批判不了。我知道炎暑是并不长久的，过了炎暑大概就可以来了秋凉。但明明是知道，明明又做不到。

正在口渴的那一刻，觉得口渴那个真理，就是世界上顶高的真理。

既然那样我看你还是搬个家的好。

关于珂，我主张既然能够去江西，还是去江西的好，我们的生活还没有一定，他也跟着跑来跑去，还不如让他去安定一个时期，或者上冬，我们有一定了，再让他来，年青人吃点苦好，总比有苦留着后来吃强。

昨天我又去找周家一次，这次是宣武门外的那个桥，达智桥，二十五号也找到了，巧得很，也是个粮米店，并没有任何住户。

这几天我又恢复了夜里害怕的毛病，并且在梦中常常生起死的那个观念。

痛苦的人生啊！服毒的人生啊！

我常常怀疑自己或者我怕是忍耐不住了吧？我的神经或者比丝线还细了吧？

我是多么替自己避免着这种想头，但还有比正在经验着的还更真切的吗？我现在就正在经验着。

我哭，我也是不能哭。不允许我哭，失掉了哭的自由了。我不知为什么把自己弄得这样，连精神都给自己上了枷锁了。

这回的心情还不比去日本的心情，什么能救了我呀！上帝！什么能救救我呀！我一定要用那只曾经把我建设起来的那只手把自己来打碎吗？

祝好!

                              荣子

                              五月四日晚

所有我们的书，若有精装，请各寄一本来。

致萧军

1937 年 5 月 9 日

军：

我今天接到你的信就跑回来写信的，但没有寄，心情不好，我想你读了也不好，因为我是哭着写的，接你两封信，哭了两回。

这几天也还是天天到李家去，不过待不多久。

我在东安市场吃饭，每顿不到两毛，味极佳。羊肉面一毛钱一碗。再加两个花卷，或者再来个炒素菜。一共才是两角。可惜我对着这样的好饭菜，没能喝上一盅，抱歉。

六号那天也是写了一信，也是没寄。你的饮食我想还是照旧，饼干买了没有？多吃点水果。

你来信说每天看天一小时会变成美人，这个是办不到的，说起来很伤心，我自幼就喜欢看天，一直看到现在还是喜欢看，但我并没变成美人。若是真是，我又何能东西奔波呢？可见美人自有美人在。（这个话开玩笑也。）

奇是不可靠的，黑人来李家找我。这是她之所嘱。和李太太、我，三个人逛了北海。我已经是离开上海半月多了，心绪仍是乱绞，我想我这是走的败路。但我不愿意多说。

海上述林读毕，并请把安娜可林娜寄来一读。还有冰岛渔夫，还有猎人日记。这书寄来给洁吾读。不必挂号。若有什么可读的书，就请随时掷来，存在李家不会丢失，等离上海时也方便。

我的长篇并没有计画，但此时我并不过于自责，如你所说："为了恋爱，而忘掉了人民，女人的性格啊！自私啊！"从前，我也这样想，可是现在我不了，因为我看见男子为了并不怎值得爱的女子，不但忘了人民，而且忘了性命。何况我还没有忘了性命，就是忘了性命也是值得呀！在人生的路上，总算有一个时期在我的脚迹旁边，也踏着他的脚迹。总算两个灵魂和两根琴弦似的互相调谐过。（这一句似乎有点特别高攀，故涂去。）

笔墨都买了，要写大字。但房子有是有，和人家住一个院不方便。至于立合同，等你来时再说吧！

祝你好！上帝给你健康！

荣子

五月九日

致萧军

军：

　　今晨写了一信，又未寄。

　　精神不甚好，写了一张大字，写得亦不好，等写好时寄给你一张当做字画。

　　卢骚的《忏悔录》快读完了，尽是些与女人的故事。

　　洁吾家我亦不愿多坐，那是个沉闷的家庭。

　　我现住的房子太贵，想租民房，又讨厌麻烦。

　　我看你还是搬一搬家好，常住一个很熟的地方不大好。

　　昨天下午，无聊之甚，跑到北海去坐了两个钟头，女人真是倒霉，即是逛逛公园也要让人家左一眼右一眼的看来看去，看得不自在。

　　今天很热，睡了一觉。

从饭馆子出来几乎没有跌倒，不知为什么像是服毒那么个滋味。睡了一觉好了。

你要多吃水果，因为菜类一定吃得很少。

祝好！

荣子

五月十一日

致萧军

1937 年 5 月 15 日

军：

前天去逛了长城，是同黑人一块去的。真伟大，那些山比海洋更能震惊人的灵魂。到日暮的时候，起了大风，那风声好像海声一样，吊古战场文上所说：风悲日曛。群山纠纷。这就正是这种景况。

夜十一时归来，疲乏得很，因为去长城的前夜，和黑人一同去看戏，因为他的公寓关门太早的缘故，就住在我的地板上，因为过惯了有纪律的生活，觉得很窘，所以通夜失眠。

你寄来的书，昨天接到了。前后接到两次，第一次四本，第二次六本。

你来的信也都接到的，最后这回规劝的信也接到的。

我很赞成，你说的是道理，我应该去照做。

祝好！

荣子

五月十五日

　　奇不另写了，这里有在长城上得到的小花，请你分给她
几棵。

致黄源

1936 年 10 月 17 日

河清兄：

老三①还没有回来？

我不回去了，我就在这里住下去了。

每日花费在日语上要六七个钟头，这样读下来简直不得了，一年以后真是可以，但我并不用功，若用起功来，时间差不多就没有了。可是《十年》的文章并没因此而写出。

华姐②忙得不得了吧？

---

① 老三：萧军（三郎）。

② 华姐：许粤华。

《译文》还要请您寄给我，多谢多谢。

祝好。

吟

十月十七日

致高原

1938 年 2 月 24 日

原兄[①]：

珂弟早就离开那个小学而到一百一十五师里去了，大概是政训人员。

离开上海时，我没有去看那位秦先生。

你到底在军队作些什么事？或者是拿枪打仗的？

来到汉口以后，常常提到你，但是从你走后只接到你的一封信，还是在浦口车站写的。

一月二十六日你发的这信，那正是我们准备离开汉口到临汾的时候。二十七日我和军还有别的一些朋友从汉口出发。走了十天，来到了临汾，这信，当然不能在汉口读到。差一

———————————

① 原兄：高原，原名高永益。

点这信没有丢失，转到临汾的民大本校，而后本院，而后一个没有署名的人把你的信给我寄来了。以后请不要再用廼莹那个名字了，你要知道这个名字并不出名的。在学校几乎是丢了，一个同学，打开信读了一遍才知是我的，于是他写信来，也把这信转给我。

我现在又到了运城，因为现在我是在民大教书了。运城是民大第三分校。这回是我一个人来的。从这里也许到延安去，没有工作，是去那里看看。二月底从运城出发，大概三月五日左右到延安。假若你在时，那是好的，若不在时，比你不来信还难过。我好像我和秀珂在东京所闹的故事同样。

若能见到就以谈天替代看书了，若不能见到，我这里是连刊物的毛也没有的，因为乱跑，什么也没有了。看到这信，请你赶快来一个回信。假若月底我不出发就能读到了。若出发也有人替我收信。

祝好！

萧红

二月二十四日

现在我已经来到潼关。一星期内可以见到。

致胡风

1938 年 3 月 30 日

胡兄：

我一向没有写稿，同时也没有写信给你。这一遭的北方的出行，在别人都是好的，在我就坏了。前些天萧军没有消息的时候，又加上我大概是有了孩子。那时候端木①说："不愿意丢掉的那一点，现在丢了；不愿意多的那一点，现在多了。"

现在萧军到延安了。聂也去了。我和端木尚留在西安，因为车子问题。

为西北战地服务团，我和端木和老聂、塞克共同创作了一个三幕剧②，并且上演过。现在要想发表，我觉得《七月》

① 端木：端木蕻良，一九三八年五月与萧红结为夫妻。

② 三幕剧：话剧《突击》。

最合适，不知道你看《七月》担负得了不？并且关于稿费请先电汇来，等□用，是因为不知什么时候要到别处去。

屠小姐^①好！

小朋友好！

萧红　端木

三月卅日

塞克附笔问候

电汇到西安七贤庄八路军驻陕办事处萧红收。

---

① 屠小姐：屠玘华，后改名梅志。

致许广平

1939 年 3 月 14 日

×先生：

　　还是在十二月里，我听说霞飞坊着火，而被烧的是先生的家。这谣传很久了，不过我是十二月听到的。看到你的信，我才知道，晓得那件事已经很晚了，那还是十月里的事情。但这次来的信很好，因为关心这件事情的人太多，延安和成都，都有人来信问过。再说二周年祭，重庆也开了会，可是那时候我不能去参加，那理由你也是晓得的。你说叫我收集一些当时的报纸，现在算起，过了两个月了，但怕你的贴报簿仍没有重庆的篇幅，所以我还是在收集，以后挂号寄上。因为过时之故，所以不能收集得快，而且也怕不全。这都是我这样的年青人做事不留心的缘故，不然何必现在收集呢？不是本来应该留起的吗？

名叫《鲁迅》的刊物，至今尚未出。替转的那几张信，谢谢你。你交了白卷，我不生气，（因为我不敢）所以我也不小气，打算给你写文章的。不知现在时间已过你要不要？

《鲁迅》那刊物不该打算出得那样急，为的是赶二周年。因为周先生去世之后，算算自己做的事情太少，就心急起来。心急是不行的，周先生说过，这心急要拉得长，所以这刊物我始终计算着，有机会就要出的。年底看，在这一年中，各种方法我都想，想法收集稿子，想法弄出版关系，即最后还想自己弄钱。这三条都是要紧的，尤其是关于稿子。这刊物要名实合一，要外表也漂亮，因为导师喜欢好的装修（漂亮书），因为导师的名字不敢侮辱，要选极好极好的作品，做编辑的要铁面无私，要宁缺勿滥；所以不出月刊，不出定期刊，有钱有稿就出一本，不管春夏秋冬，不管三月五月，整理好就出一本，本头要厚，出一本就是一本。载一长篇，三两篇短篇，散文一篇，诗有好的要一篇，没有好的不要。关于周先生，要每期都有关于他的文章。研究，传记，……所以先想请你作传记的工作（就是写回忆文），这很对不起，我不应该就这样指定，我的意思不是指定，就是请你具体的赞同。还请茅盾先生，台静农 ① 先生……若赞同就是

---

① 台静农（1903—1990）：现代作家，字伯简，笔名青曲、孔嘉等，安徽霍丘人。

写稿。但这稿也并不收在我手里（登出一期，再写信讨来一段），因为内地警报多，怕烧毁。文章越长越好，研究我们的导师非长文不够用。在这一年之中，大概你总可写出几万字的，就是这刊物不管怎样努力也不能出的话，那时就请你出单行本吧，我们都是要读的。导师的长处，我们知道的太少了，想做好人是难的。其实导师的文章就够了，绞了那么多心血给我们还不够吗？但是我们这一群年青人非常笨，笨的就像一块石，假若看了导师怎样对朋友，怎样谈闲天，怎样看电影，怎样包一本书，怎样用剪子连包书的麻绳都剪的整整齐齐，那或者帮助我们做成一个人更快一点，因为我们连吃饭走路都得根本学习的，我代表青年们向你呼求，向你索要。

我们在这里一谈起话来就是导师导师，不称周先生也不称鲁迅先生，你或者还没有机会听到，这声音是到处响着的，好像街上的车轮，好像檐前的滴水。（下略）

萧红上

三月十四日

致白朗

1940 年春

……不知为什么，莉，我的心情永久是如此抑郁，这里的一切是多么恬静和幽美，有田，有漫山漫野的鲜花和婉转的鸟语，更有澎湃泛白的海潮，面对着碧澄的海水，常会使人神醉的，这一切不都正是我以往所梦想的佳境吗？然而呵，如今我却只感到寂寞！在这里我没有交往，因为没有推心置腹的朋友。因此，常常使我想到你。莉，我将可能在冬天回去。

致华岗

1940 年 6 月 24 日

西园^①先生：

你多久没有来信了，你到别的地去了吗？或者你身体不大好！甚念。

我来到香港还是第一次写信给你，在这几个月中，你都写了些什么了？你一向住到乡下就没有回来？到底是隔得太远了，不然我会到大田湾去看你一次的。

我们虽然住在香港，香港是比重庆舒服得多，房子、吃的都不坏，但是天天想回重庆，住在外边，尤其是我，好像是离不开自己的国土的。香港的朋友不多，生活又贵。所好的是文章到底写出来了，只为了写文章还打算再住一个期间。

---

① 西园：华岗（1903—1972），笔名林石父，浙江龙游人。曾任重庆《新华日报》副主编。

端木和我各写了一长篇，都交生活出版去了。端木现在写论鲁迅。今年八月三日为鲁迅先生六十生辰，他在做文纪念。我也打算做一文章的，题目尚未定，不知关于这纪念日你要做文章否？若有，请寄文艺阵地，上海方面要扩大纪念，很欢迎大家多把放在心里的理论和感情发挥出来。我想这也是对的，我们中国人，是真正的纯粹的东方情感，不大好的，"有话放在心里，何必说呢""有痛苦，不要哭""有快乐不要笑"。比方两个朋友五六年不见了，本来一见之下，很难过，又很高兴，是应该立刻就站起来，互相热烈地握手。但是我们中国人是不然的，故意压制着，装做若无其事的样子，装做莫测高深的样子，好像他这朋友不但不表现五年不见，看来根本就像没有离开过一样。你说我说的对不对？我可真是借机发挥了议论了。

我来到了香港，身体不大好，不知为什么，写几天文章，就要病几天。大概是自己体内的精神不对，或者是外边的气候不对。端木甚好。下次再谈吧！希望你来信。

沈山婴大概在地上跑着玩了吧？沈先生、沈夫人一并都好。

萧红

六月二十四日

（重庆这样轰炸，也许沈家搬了家了。这信我寄交通部。）

致华岗

1940 年 7 月 7 日

园兄：

七月一日信，六日收到。

民族史 ① 至今尚未印出，听说上海纸贵，出版商都在观望，等便宜时才买纸来印。可不知何时纸才便宜。

正如兄所说，香江亦非安居之地。近几天正打算走路，昆明不好走，广州湾不好走，大概要去沪转宁波回内地。不知沪上风云如何，正在考虑。离港时必专函奉告，勿念。

胡风有信给上海迅夫人 ②，说我秘密飞港，行止诡秘。他倒很老实，当我离渝时，我并未通知他，我欲去港，既离渝

---

① 民族史：华岗的《中国民族解放运动史》第一卷，上海鸡鸣书店一九四〇年八月初版。

② 迅夫人：许广平。

之后，也未通知他，说我已来港，这倒也难怪他说我怎样怎样。我想他大概不是存心侮陷。但是这话说出来，对人家是否有好处呢？绝对的没有，而且有害的。中国人就是这样随便说话，不管这话轻重，说出来是否有害于人。假若因此害了人，他不负责任，他说他是随便说说呀！中国人这种随便，这种自由自在的随便，是损人而不利己的。我以为是不大好的。专此敬祝健康。

萧

七月七日

并附两信，烦一齐转文艺协会。

致华岗

1940 年 7 月 28 日

园兄：

　　七月廿日来信，前两天收到，所附之信皆为转去，甚感。香港似又可住一时了。您的关切，我们都一一考虑了。远在万里之外，故人仍为故人计，是铭心感切的。

　　民族史一事，我已函托上海某书店之一熟人代为考查去了，此书不但您想见到，我也想很快的看到。不久当有回信来，那时当再奉告。

　　关于胡之乱语，他自己不去撤消，似乎别人去谏一点意，他也要不以为然的，那就是他不是胡涂人，不是胡涂人说出来的话，还会不正确的吗？他自己一定是以为很正确。假若有人去解释，我怕连那去解释的人也要受到他心灵上的反感。那还是随他去吧！

想当年胡兄也受到过人家的侮陷，那时是还活着的周先生把那侮陷者给击退了。现在事情也不过三五年，他就出来用同样的手法对待他的同伙了。呜呼哀哉！

世界是可怕的，但是以前还没有自身经历过，也不过从周先生的文章上看过，现在却不了，是实实在在来到自己的身上了。当我晓得了这事时，我坐立不安的度过了两个钟头，那心情是很痛苦的。过后一想，才觉得可笑，未免太小孩子气了。开初而是因为我不能相信，纳闷，奇怪，想不明白，这样说似乎是后来想明白了的样子，可也并没有想明白。因为我也不想这些了。若是越想越不可解，岂不想出毛病来了吗，您想要替我解释，我是衷心的感激，但话不要了。

今天我是发了一大套牢骚，好像不是在写信，而是像对面坐着在讲话的样子。不讲这套了。再说这八月份的工作计划。在这一个月中，我打算写完一长篇小说，内容是写我的一个同学，因为追求革命，而把恋爱牺牲了。那对方的男子，本也是革命者，就因为彼此都对革命起着过高的热情的浪潮，而彼此又都把握不了那革命，所以那悲剧在一开头就已经注定的了。但是一看起来他们在精神上是无时不在幸福之中。但是那种幸福就像薄纱一样，轻轻的就被风吹走了。结果是一个东，一个西，不通音信，男婚女嫁。在那默默的一年一月的时间中，有的时候，某一方面听到了传闻那哀感是仍会升起来的，不过不怎具体罢了。就像听到了海上的难船的呼救似的，辽远，空阔，似有似无。同时那种惊惧的感情，我要把它写出来。假若人的心上可以放一块砖头的话，那么这块砖头再过十年去翻动它，那滋味就绝不相同于去翻动一块放在墙角的砖头。

写到这里，我想起那次您在饺子馆讲的那故事来了。您说奇怪不奇怪？专此敬祝

安好。

萧

七月廿八日

附上所写稿《马伯乐》长篇小说的最前的一章，请读一读，看看马伯乐这人是否可笑！因有副稿，读后，请转中苏文化交曹靖华①先生。

---

① 曹靖华（1897—1987）：文学翻译家、散文家、教育家，原名曹联亚，河南卢氏人。

致华岗

1940 年 8 月 28 日

（此信内共附了二张文章，三张信，除了姚先生的信请转去外，其余的都没有用了。）

华兄：

民族史出版了，为你道贺。

你十三日的信早已收到，只等上海你的书寄来，好再作复信，不知为何，等了又等，至今未到。我已写信去再问去了，并请那人直接寄你一本。因近来香港不收寄到重庆去的包裹和书籍，就是我前些日子所寄的《马伯乐》的一稿你也不能收到，因为那稿我竟贴了邮票就丢进信箱里去的。

现在又得那书出版的广告，一并寄上，因为背面有鲁迅纪念生辰的文章，所以不剪下来，一并寄上看看，在乡间大概甚为寂寞的。

你十三日的信，我看了，而且理解了，是实在的，真是那种情形，可不知道那一天会好，新贵，我看还没怎样的贵，也许真贵了就好了。前些日子的那些牢骚，看了你的信也就更消尽了，勿念。正在写文章，写得比较快，等你下一封信来，怕是就写完了。不在一地，不能够拿到桌子共看，真是扫兴。你这一年来身体好否？为何来信不提？现在又写什么了？专此匆匆不尽

祝好

萧上

八月廿八日

信未发又来了上海的信，顺便也寄上看一看吧。那年能看到书真是天晓得！寄我的那本，我至今也未收到，已经二十天了。等我再去信问吧。

致华岗

1941 年 1 月 29 日

园兄：

好久没给您信了。前次端兄^①有一信给您，内中并托您转一信，不知可收到没有？

我那稿子，是没有用的了，看过就请撕毁好了，因为不久即有书出版的。

民族史，第二部正在读。想重庆未必有也。

香港旧年很热闹，想去年此时，刚来不久，现已一年了，不知何时可回重庆，在外久居，未免的就要思念家园。香港天气正好，出外野游的人渐渐的多了。不知重庆大雾还依旧否？专此

———————————

① 端兄：端木蕻良。

祝好!

萧

一月廿九日

请转一信，至感。

致华岗

1941 年 2 月 14 日

园兄：

最近之来信收到。因近来搬家，所以迟复了。寄书事，必要寄的，就是不寄，也要托人带去，日内定要照办，因自己的文章，若不能先睹，则不舒服也。

香江并不似重庆那么大的雾，所以气候很好，又加住此渐久，一切熟习，若兄亦能来此，旅行，畅谈，甚有趣也。

端兄所编之刊物，余从旁观之，四月一日定要出版，兄如有稿可寄下，因虽为文艺刊物，但有理论那一部门。而且你的文章又写得太好了。就是专设一部门为着刊你的文章也是应该的。第二部我在读，写的实在好。中国无有第二人也。

专此祝好

（三月二十号发稿，有稿在二十号前寄下最好。）

萧上

二月十四日

给流亡异地的东北同胞书

沦落在异地的东北同胞们：

当每个秋天的月亮快圆的时候，我们的心总被悲哀装满。想起高粱油绿的叶子，想起白发的母亲或幼年的亲眷。

他们的希望曾随着秋天的满月，在幻想中赊取了十次。而每次都是月亮如期地圆了，而你们的希望却随着高粱叶子萎落。但是，自从"八一三"之后，上海的炮火响了，中国政府的积极抗战揭开，成了习惯的愁惨的日子，却在炮火的交响里，焕成了鼓动、兴奋和感激。这时，你们一定也流泪了，这是鼓舞的泪，兴奋的泪，感激的泪。

记得抗战以后，第一个可欢笑的"九一八"是怎样纪念的呢？

中国飞行员在这天作了突击的工作。他们对于出云舰的袭击作了出色的成绩。

那夜里，江面上的日本神经质的高射炮手，浪费的惊恐的射着炮弹，用红色的绿色的淡蓝色的炮弹把天空染红了。但是我们的飞行员，仍然以精确的技巧和沉毅的态度（他们有好多是东北的飞行员）来攻击这摧毁文化摧残和平的法西魔手。几百万的市民都仰起头来寻觅——其实他们什么也看不见的，但他们一定要看，在黑魆魆的天空里，他们看见了我们民族的自信和人类应有的光辉。

第一个煽惑起东北同胞的思想是：

"我们就要回老家了！"

家乡多么好呀，土地是宽阔的，粮食是充足的，有顶黄的金子，有顶亮的煤，鸽子在门楼上飞，鸡在柳树下啼着，马群越着原野而来，黄豆像潮水似的在铁道上翻涌。

人类对着家乡是何等的怀恋呀，黑人对着"迪斯"痛苦地响往；爱尔兰的诗人夏芝一定要回到那"蜂房一窠，菜畦九畴"的"茵尼斯"去不可；水手约翰·曼殊斐尔（英国桂冠诗人）狂热地要回到海上去。

但是等待了十年的东北同胞，十年如一日，我们心的火越着越亮，而且路子显现得越来越清楚。我们知道我们的路，我们知道我们的作战位置——我们的位置，就是站在别人的前边的那个位置。我们应该是第一个打开了门而是最末走进去的人。

抗战到现在已经遭遇到最坚苦的阶段，而且也就是最后胜利接触的阶段。在贾克伦敦所写的一篇短篇小说上，描写两个拳师在冲击的斗争里，只系于最后的一拳。而那个可怜的老拳师，所以失败了的原因，也只在少吃了一块"牛扒"。假如事先他能吃得饱一点，胜利一定是他。中国的胜利是经过了这个最后的阶段，而东北人民在这里是决定的一环。

东北流亡同胞们，我们的地大物博，决定了我们的沉着毅勇，正如敌人的家当使他们急功切进一样。在最后的斗争里，谁打得最沉着，谁就会得胜。

我们应该献身给祖国作前卫工作，就如我们应该把失地收复一样，这是我们的命运。

东北流亡同胞们，为了失去的土地上的大豆，高粱，努力吧！为了失去了土地的年老的母亲，努力吧！为了失去的地面上的痛心的一切的记忆，努力吧！

谨此即颂

健康。

给流亡异地的东北同胞书

九一八致弟弟书

可弟：小战士，你也做了战士了，这是我想不到的。

世事恍恍忽忽地就过了，记得这十年中只有那么一个短促的时间是与你相处的，那时间短到如何程度，现在想起就像连你的面孔还没有来得及记住，而你就去了。

记得当我们都是小孩子的时候，当我离开家的时候，那一天的早晨你还在大门外和一群孩子们玩着，那时你才是十三四岁的孩子，你什么也不懂，你看着我离开家向南大道上奔去，向着那白银似的满铺着雪的无边的大地奔去。你连招呼都不招呼，你恋着玩，对于我的出走，你连看我也不看。

而事隔六七年，你也就长大了，有时写信给我，因为我的飘流不定，信有时收到，有时收不到。但在收到的信中我读了之后，竟看不见你，不是因为那信不是你写的，而是在那信里边你所说的话，都不像是你说的。这个不怪你，都只怪我的记忆力顽强，我就总记着，那顽皮的孩子是你，会写了这样的信的，会说了这样的话的，那能够是你。比方说，——生活在这边，前途是没有希望，等等……

这是什么人给我的信，我看了非常的生疏，又非常的新鲜，但心里边都不表示什么同情，因为我总有一个印象，你晓得什么，你小孩子，所以我回你的信的时候，总是愿意说一些空话，问一问家里的樱桃树这几年结樱桃多少？红玫瑰依旧开花否？或者是看门的大白狗怎样了？关于你的回信，说祖父的坟头上长了一棵小树。在这样的话里，我才体味到这信是弟弟写给我的。

但是没有读过你几封这样的信，我又走了。越走越离得你远了，从前是离着你千百里远，那以后就是几千里了。

而后你追到我最先住的那地方，去找我，看门的人说，我已不在了。

而后婉转的你又来了信，说为着我在那地方，才转学也到那地方来念书。可是你捕空了。我已经从海上走了。

可弟，我们都是自幼没有见过海的孩子，可是要沿着海往南下去了，海是生疏的，我们怕，但是也就上了海船，飘飘荡荡的，前边没有什么一定的目的，也就往前走了。

那时到海上来的，还没有你们，而我是最初的。我想起来一个笑话，我们小的时候，祖父常讲给我们听，我们本是山东人，我们的曾祖，担着担子逃荒到关东的。而我又将是那个未来的曾祖了，我们的后代也许会在那里说着，从前他们也有一个曾祖，坐着海船，逃荒到南方的。

我来到南方，你就不再有信来。一年多又不知道你那方面的情形了。

不知多久，忽然又有信来，是来自东京的，说你是在那边念书了。恰巧那年我也要到东京去看看。立刻我写了一封信给你，你说暑假要回家的，我写信问你，是不是想看看我，我大概七月下旬可到。

我想这一次可以看到你了。这是多么出奇的一个奇遇。因为想也想不到，会在这样一个地方相遇的。

我一到东京就写信给你，你住的是神田町，多少多少番。本来你那地方是很近的，我可以请朋友带了我去找你。但是因为我们已经不是一个国度的人了，姐姐是另一国的人，弟弟又是另一国的人。直接地找你，怕与你有什么不便。信写去了，约的是第三天的下午六点在某某饭馆等我。

那天，我特别穿了一件红衣裳，使你很容易地可以看见我。我五点钟就等在那里，因为在我猜想，你如果来，你一定要早来的。我想你看到了我，你多么欢喜。而我却也想到了，假如到了六点钟不来，那大概就是已经不在了。

一直到了六点钟，没有人来，我又多等了一刻钟，我又多等了一刻钟，我又多等了半点钟，我想或者你有事情会来晚了的。到最后的几分钟，竟想到，大概你来过了，或者已经不认识我了，因为始终看不见你。第二天，我想还是到你住的地方去看一趟，你那小房是很小的。有一个老婆婆，穿着灰色大袖子衣裳，她说你已经在月初走了，离开了东京了。但你那房子还下着竹帘子呢。帘子里头静悄悄的，好像你在里边睡午觉的。

半年之后，我还没有回上海，不知怎么的，你又来了信，这信是来自上海的，说你已经到了上海了，是到上海找我的。

我想这可糟了，又来了一个小吉卜西。

这流浪的生活，怕你过不惯，也怕你受不住。

但你说，"你可以过得惯，为什么我过不惯。"

于是你就在上海住下了。

等我一回到上海，你每天到我的住处来，有时我不在家，你就在楼廊等着，你就睡在楼廊的椅子上，我看见了你的黑黑的人影，我的心里充满了慌乱。我想这些流浪的年青人，都将流浪到那里去，常常在街上碰到你们的一伙，你们都是年青的，都是北方的粗直的青年。内心充满了力量，你们都是被逼着来到这人地生疏的地方，你们都怀着万分的勇敢，只有向前，没有回头。但是你们都充满了饥饿，所以每天到处找工作。你们是可怕的一群，在街上落叶似的被秋风卷着，寒冷来的时候，只有弯着腰，抱着膀，打着寒颤。肚里饿的时候，我猜得到，你们彼此的乱跑，到处看看，谁有可吃的东西。

在这种情形之下，从家跑来的人，还是一天一天的增加，后来听说有不少已经入了监狱，听说这帮不远千里而投向祖国来的青年，一到了祖国，不知怎样，就犯了爱国罪了。

这自然都说是以往，而并非是现在。现在我们已经抗战四年了。在世界上还有谁不知我们中国的英勇，自然而今你们都是战士了。

不过在那时候，因此我就有许多不安。我想将来你到什么地方去，并且做什么？

那时你不知我心里的忧郁，你总是早上来笑着，晚上来笑着。似乎不知道为什么你已经得到了无限的安慰了。似乎是你所存在的地方，已经绝对的安然了，进到我屋子来，看到可吃的就吃，看到书就翻，累了，躺在床上就休息。

你那种傻里傻气的样子，我看了，有的时候，觉得讨厌，有的时候也觉得喜欢，虽是欢喜了，但还是心口不一的说："快起来吧，看这么懒。"

不多时就"七七"事变，很快你就决定了，到西北去，做抗日军去。

你走的那天晚上，满天都是星，就像幼年我们在黄瓜架下捉着虫子的那样的夜，那样黑黑的夜，那样飞着萤虫的夜。

你走了，你的眼睛不大看我，我也没有同你讲什么话。我送你到了台阶上，到了院里，你就走了。那时我心里不知道想什么，不知道愿意让你走，还是不愿意。只觉得恍恍忽忽的，把过去的许多年的生活都翻了一个新，事事都显得特别真切，又都显得特别的模糊，真所谓有如梦寐了。

可弟，你从小就苍白，不健康，而今虽然长得很高了，仍旧是苍白不健康，看你的读书，行路，一切都是勉强支持。精神是好的，体力是坏的，我很怕你走到别的地方去，支持不住，可是我又不能劝你回家，因为你的心里充满了诱惑，你的眼里充满了禁果。

恰巧在抗战不久，我也到山西去，有人告诉我你在洪洞的前线，离着我很近，我转给你一封信，我想没有两天就看到你了。那时我心里可开心极了，因为我看到不少和你那样年青的孩子们，他们快乐而活泼，他们跑着跑着，当工作的时候还嘴里唱着歌。这一群快乐的小战士，胜利一定属于你们的，你们也拿枪，你们也担水，中国有你们，中国是不会亡的。因此我的心里充满了微笑。虽然我给你的信，你没有收到，我也没能看见你，但我不知为什么竟很放心，就像见到了你的一样。因为你也必是他们之中的一个，于是我就把你忘了。

但是从那以后，你的音信一点也没有的。而至今已经四年了，你也到底没有信来。

又偏偏在这时候，我们的国家不幸设了不少的网罗，就像在林里捕捉那会唱歌的夜莺那样捕捉你们。把你们捕捉在洞里，把你们捕捉在营里。（不知道是防空洞还是什么洞。至于营，听说是训练营。）

　　我本不常想你，不过现在想起你来了，你为什么不来信，或者入了洞，入了营吗？

　　于是我想，这都是我的不好，我在前边引诱了你。

　　今天又快到"九一八"了，写了以上这些，以遣胸中的忧闷。

　　愿你在远方快乐和健康。

第二辑　日记篇

八月之日记一

为了疲乏的原故，我点了一只纸烟。

绿色的星子，蓝色的天空，红色的屋顶，黑色的蝙蝠，灰色的小蛾。我的窗子就开在它们的中间，而我的床就靠在这窗子的旁边，我举着纸烟的手指的影子就印在窗子的下面。

我看一看表，我还是睡得这么样的早，才九点钟刚过了。

有点烦恼，但又说不出这烦恼，又像喝过酒之后的心情，但我又并没喝酒。

也许这又是想家了吧！不，不能说是想家，应该说所思念的是乡土。

人们所思念着的那么广大的天地，而引起这思念来的，往往是几片树林，两三座家屋，或是一个人物，……也或者只凭着一点钟的记忆，记忆着那已经过去的，曾经活动过的事物的痕迹。

这几天来，好像更有了闲情逸致，每每平日所不大念及的，而现在也要念及，所以和军一谈便到深夜。

而每谈过之后，就总有些空寞之感，就好像喝过酒之后，那种空寞。

虽然有时仍就听着炮声，且或看到了战地的火光，但我们的闲谈，仍旧是闲谈。

"渥特克（很辣的酒）还有吧！喝一点！"他说，他在椅子上摇着。

为着闲情逸致，在走廊上我抄着一些几年来写下来的一些诗一类的短句。而且抄着，而且读着，觉得很可笑，不相信这就是自己写下来的了。

抄完了，我在旧册子上随便地翻着，这旧册是军所集成，除去他替我剪贴着我的一小部分之外，其余都是他的，间或有他的友人的。于是我就读着他的朋友用紫色墨水写成的诗句，因为是古诗，那文句，就有些不解之处，于是请教于军，他就和我一起读起来了。

他读旧诗，本来有个奇怪的韵调，起初，这是我所不喜欢的，可是这两年来，我就学着他，并且我自己听来已经和他一腔一调。我常常是这样，比方我最反对他正在唱着歌的时候，我真想把耳朵塞了起来，有时因为禁止而禁止不住他，竟要真的生气，但是又一想，自己从什么地方得来的这种权力呢？于是只好随他唱，这歌一经唱得久了！我也就和他一齐唱了，并且不知不觉之间自己也常常一方面烧着饭，一方面哼着。

这用紫色墨水写成的诗句，我就用着和他同一的怪调读在走廊上。

我们的身边飞来了小蛾的时候，他向我说，他要喝一点酒。

本来就在本身之内起着喝过了酒的感觉，我想一定不应该喝了：

"喝酒要人多喝，喝完了说说笑笑也就不醉，一个人喝不好，越喝越无聊。"

"我正相反，独饮独酌……。"

而后我说"渥特克"酒没有了。（其实是有的，就在我脚边的小箱子里。）

"朋友们，坐监牢的……留在满洲的，为了'剿匪'而死了的……作这诗的人，听说就在南京'反省院'里。"

"你为什么走的这一条路呢？照理说，不可能，"因为他是军官学生。"我想：就是因为你有这样的几个朋友……很难，一个人的成长，就差在一点点上……。"我常常把人生看得很可怕。

"嗯！是的……"他的眼睛顺着走廊一直平视过去，我知道，他的情感一定伸得很远了。

这思念朋友的心情，我也常有。

一做了女人，便没有朋友。但我还有三五个，在满洲的在满洲，嫁了丈夫的，娶了妻子的，为了生活而忙着的，比方前两天就有一个朋友经过上海而到北方战地去。

　　他说："朋友们别开，生死莫测。"

　　我说："尽说这些还行吗？那里有的事情？"

　　他站在行人道上高高地举着手臂。

　　我想，朋友们别开，我也不知道怎么样！

　　一些飞来的小蛾，它们每个都披着银粉，我一个个的细细地考查着那翅子上的纹痕。

　　这类似诗的东西，我就这样把它抄完了。

　　睡在了床上，看一看表，才九点钟刚过，于是一边看着这举着纸烟的落在墙上自己的手指，一边想着这战争，和这诗集出版的问题。

八月一日

八月之日记二

军几次的招呼看我：

"看山啊！看山啊！"

正是将近黄昏的时候，楼廊前飞着蝙蝠。

宁静了，近几天来，差不多每个黄昏以后，都是这样宁静的，炮声，飞机声，就连左近的难民收容所，也没有声音了！那末吵叫着的只有我自己，和那右边草场上的虫子。

我不会唱，但我喜欢唱，我唱的一点也不合曲调，而且往往是跟着军混着唱，他唱："儿的父去投军无有音信。"我也就跟着："儿的父去投军无有音信。"他唱杨延辉思老母思得泪洒胸膛，我也就跟着溜了一趟，而且，我也无所不会溜的。溜得实在也惹人讨厌，而且，又是一唱就溜。他也常常给我上了一点小当，比方正唱到半路，他忽然停下了，于是那正在高叫着的我自己，使我感到非常受惊。常常这样做，也就惯了，只是当场两个人大笑一场，就算完事，下次还是照样地溜。

从打仗开始，这门前的走廊，就总是和前些日子有点两样，月亮照着走廊上那空着的椅子，而倒影就和栏杆的影子交合着被扫在廊下的风里。

"看山啊！看山啊！"他停止了唱的时候，又在招呼着我。

天西真像山一样升起来的黑云的大障壁，一直到深夜还没消去，在云的后边，不住地打着小闪。

他把身子好像小蛇似的探出廊外去，并且摇着肩膀：
"我这身子发潮，就要下雨的……"
我知道，他又以为这是在家乡了。

家乡是北方，常常这样，大风，大雨，眼看着云彩升起来了，也耳听着雨点就来了。

"雨是不能下……南方……"我刚一说到"南方"，我想我还是不提到什么"南方""北方"的好。

于是他在走廊上来回地走着，他说了好几次他身上起着潮湿的感觉。这感觉在家乡那边，就一定是下雨的感觉了。但这是在"南方"。

我就想要说"南方"这两个字，当他在走廊上来回地跑着的时候。他用手做成望远镜，望着那西北部和山峰似的突起的在黄昏里曾镶过金边的黑云。

他说他要去洗澡了，他说他身上发潮，并且他总说是要下雨。

起初我也好像有那种感觉，下雨了，下雨了。等我相信这黑云是在南方的天空上，而不是在北方的天空上，我就总想说服他。

后来，我一想，虽然是来到了南方，但那感觉却总是北方养成的，而况这样的云，又是住在南方终年而不得见的。

自从这上海的炮声开始响，常常要提起家乡，而又常常避免着家乡。

于是，又乱唱起来了。到夜深的时候，雨点还没一粒来碰到我的鼻尖，至于军的身子潮与不潮，我就不知道了。

八月二日

附 录

萧红谈话录（一）

抗战以后的文艺活动动态和展望——座谈会纪录

时　间：一月十 × 日下午

参加人：（依座谈会的号码次序）

艾　青　东　平　聂绀弩　田　间　胡　风

冯乃超　萧　红　端木蕻良　适　夷　王淑明

（萧军因病不能出席）

一、抗战后的文艺动态印象记

胡风　"七月社"早想开一次座谈会，约集一些朋友来谈谈文艺上的问题，一方面给作家做参考，一方面给读者做参考，另一方面也可以作为讨论文艺问题时候的资料。现在请大家提出问题来，然后再编排一下，按着次序谈下去。

东平　我提出一个问题：现在我们不跟着军队跑，就没有饭吃，如果跟着军队跑，就不能写东西。因为，如果我们还是照老样子只管写自己的东西，他们一定把你当作特殊的存在：这个家伙，不晓得他干些什么！结果只好和他们一道混，没有工夫写东西了。

　　乃超　但是，我以为如果有时间而没有生活，也会感到苦闷。

　　绀弩　在这一点，我也同样的感觉。现在，我们想参加到实际生活去，但是没有机会，所以生活没有办法，写文章的材料也没有了，弄得非常苦恼。我觉得，如果能够参加到实际生活里面，宁可不写文章。所以我提出的问题，恰恰与东平的相反。

　　（几个人同时说：那末，就谈谈这两个问题罢。）

　　胡风　我看先把它分成两个问题来谈谈好不好，在没有谈这问题之先，我们各人就自己的印象谈一谈对于战争发生后的文艺活动的感想，看一看我们已经有了的文艺活动是怎么一个样子，再来谈谈作家和生活的问题。

　　（几个人的声音：好吧，就是这样。）

　　田间　我个人感到文化人散漫，无中心组织，工作不紧张。

　　萧红　问题太大了！

　　（端木笑）

胡风 （对乃超）你呢？

乃超 我还没有想完全。但有几点意思。第一，抗战以后，商业的文学关系，或者说文学的商业的关系，相当地被打破了。这表现在两点上面，第一是购买力的衰退，文学作品没有像以前那样地被欢迎，其次是文学杂志非常少，除了《七月》和官办的刊物以外，差不多没有刊物了。第二，从这里看起来，好像文学有衰落的现象，不过，这是表面的，实际上文学依然在发展。譬如报告的发展就很大，比战争以前更具体更真实地反映了生活。固然，这些报告大半是借报纸或小刊物发表的，没有《七月》那么大的篇幅，但质量和数量都比以前进步，所以只是商业的文学关系被打破了，实际上文学并没有衰落。第三，纯粹消遣性的文学衰落了，离开了抗战生活的文学没有存在的余地。这是必然的。纯粹消遣性文学的衰落，也就是有所为而为的文学能够展开的基础。

绀弩 我对于乃超的意见有点补充。抗战以后，读者最关心的是抗战，作者最关心的最愿意写的题材也是抗战，但一般地说，作者和抗战是游离的，这就规定了作品产量的减少。乃超说的纯粹消遣性文艺衰落了，但实际上不仅仅纯粹消遣性的文艺，就是不是消遣性的，只要是直接和抗战没有关系的文学，也减少了。不过这里还有两个附带的原因：一个是物质的缺乏，像纸张贵，印刷贵，书店不肯出版，第二是失地一天天多了，失地多就流亡的人多，流亡的人当然没有购买力。有些事情当然是困难，如作者怎样生活在抗战里面——

胡风　这个问题留在第二个问题后再谈罢。

绀弩　嗬，碰钉子了！

（大家笑）

东平　抗战以来每天每刻我们在报纸上以及在小刊物上看得见许多报告啦、通讯啦一类的作品，如果把这些当作文学看，那当然热闹得很，但是，我们想一想，这些是不是可以留到将来？如果不能，将来不是没有文学了吗？例如四行仓库的八百壮士，报告啰，诗啦，出特辑啰，热闹得很，但在这些文章里面，那篇是最好的？谁也不能回答。这是现在一般的毛病。我以为从前不能公开，没有好的作品可以借口说是检查太严。现在呢？没有检查了，好像一个盖子被揭开了，应该有表现啦，火应该喷出来了啦，但是，并没有。大家应该用功，努力。我以为，至少苏联是希望中国有伟大的作品出现的。

淑明　好的作品之所以少，一方面因为有生活经验的没有时间写，有时间的和抗战游离了，没有生活，像苏联在战时也很少伟大作品，好的作品都是在后来产生的。战争过了以后，参加过战斗的人有时间写了，文学者也可以调查，可以写了。

绀弩　我常常徘徊在两个观点之间。第一个是文学的观点，从文学的观点上，我希望有伟大的作品，（当然啰，所谓伟大的很难说，但总是有力量的，能经过时间的磨炼的）希望伟大的作品出现，我自己也是爱好这种作品的，但另一方面，虽然不是伟大的作品，是乘机起哄的，如像关于八百壮士的作品，从作品的价值上看，是粗糙的，没有力量的，但这些作品也有一时的影响。如果没有这些，我想文坛就更寂寞了。我徘徊在这两个观点之间，希望能够得到指示。

艾青　这，我以为是作品的由量到质的变化还不会到达的现象。

端木　我以为文学的价值，伟大或是不伟大，要看它对于人类有用没有用。所以只要是恰当其时的作品，就是好的，如像列宁对于高尔基的意见。现在的作品，伟大的或不伟大，是要待时间来决定的，只要是能在此时此刻恰当其时的作品，我以为都是好的，无论伟大，或不伟大。

胡风　我看，一般地有两种不同的意见：一方面是要求反映当前生活的小型作品，像报告等，另一方面觉得这些作品太没有力了，太单薄了，因而要求伟大的作品。其实，这是应该联系起来看的，现在的这些作品，同时也就是将来的伟大的作品的准备。（对适夷）你有什么意见？

适夷　对于大家的意见，一般地我是同意的。但我看，一般地说，作家还不活跃。其次，今后的作品，形式上也应该有变化，像《战争与和平》那样的作品，要坐下来花几年的工夫来写它，这在我们恐怕是不可能的。所以我以为，文艺的形式一定要变化，如像《被开垦的处女地》，就是以许多报告文学做材料写成的。现在，我们虽然只能看到这些报告通讯等，但其实，这就是产生伟大作品的过程。

艾青 这就是我所说的由量到质的变化问题。

乃超 由量到质的变化，这一点很对。战争前和战争后的作品，就有显著的不同了。在战争前，描写民众如何痛苦，如何挣扎的作品较多，在封锁之下，材料不够，发表没有自由，但战争发生了以后，社会的各种弱点完全暴露了，另一方面也保障了新人物的登台。我以为，报告也可以成为伟大的作品，只要作者把握得住人物的性格。所以，新英雄的出现，就是将来伟大作品的主人翁。我同意现在的文学活动，就是将来伟大作品产生的过程这说法。

二、关于新形式的产生问题

胡风 刚才所说的，都是一般的情形，关于更具体的问题，有什么意见没有？

适夷 我看得很少，但有一点感想。一般地，文艺作品和通信等混淆不明。有些作品，说它是文艺作品吗？不像，说它不是吗？但里面却有生动的断片，从这里，我以为应该产生许多新的形式，不能太规定了。

胡风　关于新的形式，一般人往往取的是拒绝态度。譬如说，萧红的散文，开始的时候，有些人看不懂，田间的诗，到现在还受着非难。但我以为，对于一种新的形式，只要它是为了表现生活，而且有发展的要素，即令它包含有许多弱点，我们也应该用肯定的态度去看它。

艾青　我也有这种感觉，现在的生活是新的生活，但文艺上却没有新的形式出现，像欧洲大战以后，出现了许多新的形式，但我们却仍旧和战争未开始以前一样。

乃超　你所说的欧战后的新形式指的是什么？

艾青　如像未来主义，达达主义等，我们并不是要摹仿他们，但旧有的言语不够用，不够表现，却是事实。

端木　对于新形式的反感，因为大多数的新形式不适应读者的需要，和他们底内心的感应不调和。因为它们和读者所受的文学遗产相隔得太远。

乃超　欧战后的那些流派，是反抗传统的，这一点不成问题，但它们也仅仅在这一点而已。

艾青　我并不是提倡未来主义、达达主义，我自己也经过了这个过程，端木大概是同我开玩笑的。

端木　不是，没有这个意思。（笑）

适夷　未来主义、达达主义等，有它们产生的背景，但我们却不同。中国民族革命战争和欧洲大战，在本质上是不同的。未来主义、达达主义等所表现的是苦闷与彷徨，但我们今天的战争，是有光明与胜利的远景的。离开了现实主义，文艺就没有前途。

艾青　现实主义也有新的形式啊！

乃超　说新形式，这并没有语病，达达主义等是从现实生活游离出来的，如果是从现实生活产生的新形式，当然是健康的。

艾青　我说的言语的不够用，特别是指诗歌，因为旧的形式太温情了。

东平　新形式已经有了。

艾青　是的，在诗歌方面，胡风最近的诗，对于新形式已经有了尝试，但他自己没有继续下去，而我们也没有同样地向更多的方向努力过。至于未来派，也有好的作品，如像玛雅珂夫斯基。

适夷　玛雅珂夫斯基和其余的未来派是不同的。

艾青　当然，一方面是赞称帝国主义的战争，像意大利的未来派诸公，但另一面却是歌颂革命的，像玛雅珂夫斯基所领导的未来主义者，我们采取新形式，就像我们采用新武器一样，敌人用新的武器做侵略的战争，我们却用来做民族革命的战争。

胡风　适夷和艾青所说的要求新形式，是指的更能够合适地表现抗战生活的形式。但因为艾青所举的例子，有达达主义等不健康的形式，所以把问题弄误会了。我看，要求新形式是当然的，因为这个伟大的时代一定需要更多表现的方式。不过，我们可以说，现有的新形式还不够有力，需要发展到能够更深刻地表现生活的地步，所以我们所要求的新形式和达达主义等不同。因为那些的产生基础是把握不住现实，因而苦闷，彷徨，乱抓一气。

东平　有一个朋友在黄鹤楼上等我，我对不起，我要先走了。但请把我的问题提出来谈谈。

（东平退）

艾青　要求新形式是一致的，但是怎样的形式，还不知道。

萧红　胡风说我的散文形式有人反对，但实际上我的形式旧得很。

适夷　我们要求的新形式，要更大众化，可以多方面的表现生活，绝不是向神秘的道路走的。如果像诗歌中的报告诗，朗诵诗，剧本中的街头剧，散文中的报告和通讯文学。

艾青　又回到生活问题上面来了。有人想写朗诵诗，决不会有人想写神秘诗，这是用不着批判的。大众化之所以弄成单纯化、空洞化，没有力量，通常变成了口号、概念，没有真情，我以为还是和生活隔离得太远了的缘故。作家和生活隔离了，作品也就和生活隔离了。我们底想像还不能达到的现实生活的深处。

萧红　我看，我们并没有和生活隔离。譬如躲警报，这也就是战时生活，不过我们抓不到罢了。即使我们上前线去，被日本兵打死了，如果抓不住，也就写不出来。

胡风 新形式并不完全否定旧的，倒是要接受旧形式的一切长处。像个人创作的长篇小说，在现有的形式里面总算顶笨重的了，但我以为，将来不但不会衰退，也许更要发达，虽然在表现法本身上也许有部分的变化。而且，新形式现在已经有了，不过不够有力，不够广泛地发展，如像朗诵诗，对于这个形式的看法，我常常觉得怀疑，因为，在原则上一切诗歌都能朗诵的。

端木 是的，古诗里面的口占口吟就是这个意思。

适夷 现在所说的朗诵诗，和过去的口占之类不同，而且在外国早已有了，像德国的。

胡风 Weinert。

适夷 是的，Weinert，他常常把诗歌在群众的集合上朗诵，得到了热烈的欢迎，这就和过去不同了。

绀弩 不错，唐诗是念给妓女听的。

端木 如像李长吉。

适夷 如像王昌龄。

乃超 现在提倡朗诵诗，并不是复古，它是对于僵死了的语言的叛逆。过去的诗，很难念，谈人生哲学的也有，难念而且难懂，朗诵诗就是对于这种新诗的反动。因为这些诗只能借象形文学刺激视觉，看看而已。字面美，排列得美，变成了无声的诗歌。朗诵诗一方面是对于这种诗的反动，而且也适合于目前要求。诗歌达到大众里面，不要象形文字这个媒介物，直接借声浪刺激读者的感情。所以朗诵诗有这两种积极的意义。

艾青　我看，朗诵诗的提倡已不是应该不应该的问题，而是应该怎样去发展的问题。

田间　我就有一个问题：诗和歌应不应该分开？因为，歌已经深入到大众里面去了，并且有了很好的成绩，如像义勇军进行曲，几岁的小孩子都可以唱得出。

乃超　当然应该分开的，歌是靠音乐的，就是没有词，歌谱也可以感动人。

田间　要诗能够朗诵，一定要经过很长的时间，因为现在拿诗朗诵给大众听，大众一定是不懂的。

乃超　现在提倡朗诵诗，只是开步走而已，还没有产生使一般人能够听得懂的诗，现在一方面是摆脱旧的传统，一方面开拓新的道路。至于创作，还狭隘得很，没有一诵出即达到大家心坎里的东西。

适夷　这问题还有另外一方面：我们提倡朗诵诗，并不是把一切不能朗诵的诗都否定，我觉得胡风刚才的一句话仍然是有用的，我们提倡朗诵诗，并不否认或妨碍别的诗歌的存在，只要它能够写出对于现实的真实的情绪。

艾青　我以为朗诵诗还需要发展，努力地汲收口语，是不必说了，就是非朗诵诗（暂且叫它是纯粹诗吧），旧有的形式如十四行啦，四行诗啦，我们都已经冲破了，就是如像许多诗人的所谓自由诗或自然诗也给我们冲破了。因为，这些诗歌的形式都是从安闲的生活环境里面产生的。

三、作家与生活问题

胡风　这个问题谈到这里为止吧。我们回到开始的时候东平所提出的作家与生活的问题。

绀弩　东平的意思不是这样一般的，他是说跟着军队跑就没有时间写文章，不跟着军队跑就没有饭吃。我的意思和他相反，我宁可参加实际生活，不写文章，因为现在没有参加实际生活，所以文章也没有内容。

淑明　我以为问题并不十分严重。如像《对马》和《铁流》的作者，他们的作品，都是在战争中片断地记下来，在战争后整理而成功的。

适夷　我有一个深刻的感想。在过去，因为想写作品，所以跑到紧张生活里面去。在"一·二八"的时候，我就是这样的。初去的时候，觉得一切的东西都是新鲜的，都应该写，但茫然无头绪，不晓得从何写起，但过久了，又习以为常，淡下去了，要写也写不出。在监狱里的情形也是一样。这原因是因为把握不住，或者没有准备工作，像《对马》的作者那样。没有准备工作，过去了印象就模糊起来。

艾青　能够打进实际生活里面，对作者决没有害处。当时写不出东西来也是自然的。过去一个相当的时间，有了回忆和整理的机会，才会产生出好的作品来。像你的监狱生活，当时因为距离得太近，反而把握不住，如果时间久了，你就可以把它的全部关系看得更清楚，更有条理。我也是一样，在监狱里的时候，只有零碎的断片，如果现在来写，也许可以溶成一个有系统的东西。

萧红　是的，这是因为给了你思索的时间。如像雷马克，打了仗，回到了家乡以后，朋友没有了，职业没有了，寂寞孤独了起来，于是回忆到从前的生活，《西线无战事》也就写成了。

绀弩　我提的不是理论问题，而是一个非常实际的问题。现在我想走进实际生活里面去，但是不能够，成天飘来飘去，到底应该怎么办？

乃超　萧红说得很清楚，你现在就是在实际生活里面，现在那一个人的生活和抗战没有关系呢？问题是你抓不住。

胡风　萧红说得很清楚，（大家笑）现在大家都是在抗战里面生活着。譬如你，你觉得要走进更紧张的生活里面去，实际上这一种感觉，这一种心境，就是抗战中生活的感觉心境了。你写不出作品来，像萧红所说的，是因为你抓不住，如果抓得住，我想可写的东西多得很。不过，我以为问题应该更推进一步：恐怕你根本没有想到去抓，所以只好飘来飘去的。

　　萧红　譬如我们房东的姨娘，听见警报响，就骇得打抖，担心她的儿子，这不就是战时生活的现象吗？

　　艾青　譬如我隔壁住的一个军官，昨天夜里打老婆，打得非常厉害。那军官把她从床上拖到门外，女人哭着说："我宁可死在家里，有一口棺材，两只箱子，想不到跟你逃到这里来受苦，死了也没有人理……"听他们的口音好像是宜兴人。——我以为这个时候不应该发生这样的事情。

　　胡风　不，应该说在这个时候不应该还发生这样的事情——随时随地都有材料，只因为你（对绀弩）不去抓，不去抓是因为心情不紧张，也就是和抗战结合得不紧。

　　绀弩　心情不紧张，不就是生活不紧张吗？所以我想走进紧张的生活里面去。

　　胡风　我看不是的，并不是走不进去，而是因为你自己主观的条件，有许多生活领域你不愿意走进去。只要是紧张的生活你就走进去，我看是不成问题的。得不到一个使你愿意走进去的紧张生活的环境，这里面有许多复杂的原因，如像整个后方工作没有系统地展开，前方和后方没有配合起来行动等等。

　　适夷　还有一个原因，是作家对于文学的不忠实，可以不写就不写。当然，这是不可以一概而论的。（笑）

乃超　还有，作家失掉了生活保障。在过去，把文学当作商品，这一点可能性现在没有了。过去是为生产而生产，被杂志逼着写，因为不能不卖钱。现在要为创作而创作，问题立刻来了。这反映出来的是作家的苦闷。

　　艾青　我看问题可以结束一下。打进紧张生活里是必要的，如果不能，也应该随时随地抓住自己所能抓住的生活现象。

　　淑明　不打进生活里面，情绪不高涨。

　　萧红　不，是高涨了压不下去，所以宁静不下来。

　　乃超　各人情形不同。

　　淑明　单单情绪是不够的，需要跟生活联系起来。

　　乃超　广大的民众在抗战里面生活着，为什么还有军官打老婆的事情呢？这当然有他的腐化的基础。（对艾青）你所看到的还不过是很小的一件罢了。

　　田间　这是不是一件普通的现象呢？

　　艾青　泛泛一看，是一个普通现象，深入地看，是一个特殊的现象。因为那个军官和他的老婆都是受了战争的刺激的。

　　胡风　这个普通现象，在现在表现出来是一个特殊的现象。（对绀弩）不能因为希望走进紧张生活而放弃现在的努力……

　　适夷　题材是到处都有的，但作家们总希望写出有前途的，新的性格的现实生活。

　　端木　其实战争场面只是关于抗战生活的一方面，如果不懂得政治内部种种复杂情形，不懂得后方民众的各种变动的情形，那就不能够写出这个战争。不过，战争场面是抗战生活重重的一面，作家们也应该深入，了解，将来才能够描写这个战争。

　　艾青　是的，我看应该把打进紧张生活去这个说法解释作参加一切社会活动里面去的意思。

　　端木　对的，战争是一个外围，它里面包含着许多方面的活动，譬如说，不了解汉奸活动的因果关系，我们能够了解战争吗？

　　绀弩　我提的是一个生活问题，一个中国人的问题，并不是作家的问题。我宁可不写文章，但非生活不可。东平说的是跟着军队跑写不出文章来的问题，和我恰恰相反。

　　适夷　跟着军队跑，长篇大著虽然写不出来，但短篇仍然是可以写的。

　　胡风　东平所指的是长篇。至于短篇，并不是不能写，他现在就写了一些。至于长篇，我看可能性很少，因为那需要相当的时间，和对于事件的适当距离。

　　端木　是的，要写长篇，就需要对于事件的全体的把握，像现在，战争还在发展之中，要全体地描写它当然不可能。

　　艾青　那会失掉批判的作用。

胡风　除非学威尔斯……

四、今后文艺工作方向的估计

艾青　现在，我们分小说、诗歌、戏剧等，各方面谈一谈今后文学的工作方向，好不好？

适夷　我想，顶好还是从总的方向谈谈吧。

胡风　我看，这问题可以从两方面讲。一方面是怎样能够动员和团结一切文艺作家参加到抗战工作里面，另一方面是怎样保障现实主义底前途，这里面就包含了新作家底养成问题，民众底文艺教育问题，等等……

适夷　自有新文学以来，总是跟大众隔离的。但现在有一个好的现象，抗战把这个隔离相当地消除了。因为大众想了解战争的情绪非常高，所以自自然然接近了反映战争的文艺。这是二十年来没有的机会。从前的大众化口号是空的，现在都开始实现了。这是对于文学运动的一个非常好的环境，我们不应该轻易地放过它。分开来说，有两方面。一方面是作家应该和大众接近，作品的大众化问题应该加强地提出，把看不起小型作品的倾向纠正过来。另一方面，现在参加战斗的青年，创作的要求非常高，就是不爱好文艺的人吧，也希望用文艺来表现自己的生活了，所以文艺上的新人一天天地多了起来，但这里面有一个问题：他们都写得比较幼稚，我以为作家们应该加强他们底文艺教育。

（几个人的声音：这问题谈不完的……，时间不早了，下次再谈吧……）

绀弩　我提议这个座谈会每半个月举行一次。

（几个人的声音：好的，好的……赞成赞成……）

适夷　（对胡风）那么：你总结一下散会好了。

胡风　用不着总结，座谈会就是这样的，谈到那里算到那里。下次我们把这个问题提出来更具体地谈谈罢。

（几个人的声音：下次最好先准备一下。）

胡风　好的，下次先由大家提出问题来，综合整理出次序来，分送给大家，那讨论起来就更有头绪了。如果弄得到几块钱，大家吃一顿饭，精神也许还要好些。

（笑声中散会）

记录者附笔：这次座谈会，谈话时空气底活泼，和对于问题的深入，是出乎我们底希望之外的。但因为我们既没有记录技术，又毫无经验，所以非常简略，不但谈话时的空气、语调，不能很好地传达出来，恐怕很珍贵的意见也给我们漏掉了不少。时间仓促，来不及送给各位看过付印，这是要希望诸位参加座谈的朋友原谅的。

萧红谈话录（二）

现时文艺活动与《七月》——座谈会纪录

时　间：四月二十九日下午

参加人：（以发言先后为序）

胡　风　端木蕻良　鹿地亘　冯乃超　适　夷

奚　如　辛　人　萧　红　宋之的　艾　青

"不肯让位"的精神

胡风　今天是第三次座谈会，现在就开始罢。

首先要说明的，前些时和鹿地谈天的时候，谈到这次座谈会应该讨论什么，他提议批评一下《七月》，他以为如果谈得生动，可以成为一篇很好的文艺批评。我想了想，觉得也可以，除了《七月》的工作需要得到批评以外，有些朋友还不明白《七月》的态度，我们也可以藉这机会作一点说明。但不晓诸位的意见怎样？如果觉得这太仄狭，另换一个题目谈谈也好。

端木　就是这样罢。

（座谈的声音：好的，就这个罢！）

鹿地　关于今天的讨论题目，我有一点说明。实际上，这是我向胡风君提议的。作为一个外来者，这未免过于冒昧，但请原谅罢。我是这么想就这么说了的。

抗战以来，已经十个月了，在那中间，中国文学界急速地造成了新的气运。那里面，《七月》有了大的功绩。现在最要紧的工作是：把这个气运的特质明白地指出，把那成果集中并且展开，使它成为今天的文学界的普遍东西，对于将来的发展给以根据。好容易得到了的成果，如果分散或者埋没了，那实在是可惜的事情。我曾经用了实在不客气的态度把这写了一封信给适夷君。我以为现在是应该这么做的时期。就是，把到现在为止的工作总决算一下，准备走向更高的一步。只要提出问题在什么地方，就够了。从那问题出发，我们可以探求，解决，并且展开工作。这是我提议的理由。

端木　这样说来，是应该先抑后扬呢，还是后抑先扬呢？大概总应该捧一捧啰。（笑）

胡风　不管是抑是扬，只要恰如其分都是好的，——那么，请诸位发表意见。但这之前我要声明一下：我不想作什么报告，大家从自己的印象或者感想说起好了，碰着有说明的必要的时候，再随时补加说明。

乃超　这么办，对我个人相当的不方便，因为我对于最近的文艺活动的情形十分隔膜，没有一个整个的报告就摸不着头脑。

胡风　那倒不要紧。我们说现在的文艺活动，是只指和《七月》的关联说的，并不是作鸟瞰或概论。主意是检讨《七月》的工作，大家就自己见到的不客气地提出意见来就行了。

适夷　在《七月》的座谈会上，似乎不好说《七月》的坏话。（笑）

鹿地　胡风听到坏话就要生气。但是，请说些坏话罢。我也是听到坏话就会生气的，但也请不客气地说坏话罢。

胡风　不，反而是希望多说些"坏话"的。因为，好的地方被说坏了，事实上不会变坏，但如果坏的地方被指了出来，那是有希望变好的。那么（对适夷），就请你说些坏话罢。

（座中发出笑声）

适夷　最近在《宇宙风》上看见一位曾经宣言死抱住文学不放的先生的短文，题目叫作《纯文艺应该让位了》。说现在这个时代，不应再谈文学。《七月》的一贯态度正表现了文学不肯让位。当东战场败退，《烽火》停刊的时候，几乎没有一本文艺的刊物，表面上显出了文艺活动的极度的落退，而

《七月》能在最艰苦的处境凛然屹立，这正是《七月》最大的功绩。

（座中的声音，这不是坏话呀！）

鹿地 适夷君所说的"不肯让位"是名言。对于抗战工作里面的文学地位的确立，《七月》实在有了功劳。所以，通过这个工作，《七月》送出了一些非常好的工作家，例如曹白和东平。他们冲破了现成的型。尤其是曹白的工作暗示着作家对现实生活的态度，而且显示着那成果。东平的近作，对于作家在现在非到达不可的东西，以及作家为那而努力的态度和方法，都会有很多的示唆。这样的作家当然还有，大家把自己注意到了的列举出来，说一说意见好了。他们才能够把今天讨论的题目内容——这个期间的文学的成果明白地解答。

组织者和作家态度的形成

胡风 在这里，我想插进一点说明。《七月》在上海出过三期旬刊，那内容主要的是《报告》或《报告文学》。上海战争爆发以后，不久文艺工作也复活了，但据我看，似乎作者们有些被既成的形式所拘束，举例说，在不能写成小说的条件下勉强写小说，于是写成了空虚的概念的东西；应该直接地写出对象的时候却不会想到动笔，倒是拼命地来些浮浅的情绪的叫喊。所以《七月》创刊的时候就提倡"民众活动特写"，"抗战英雄特写"，"汉奸特写"，"战地生活特写"，"通讯"等，被包括在《报告》或《报告文学》这个说法里面的一些写作形式，而且鼓动一些朋友写，号召读者写，使作家的活动更直接地更具体地和对象结合。因为，在那样火热的空气下面，除了诗歌，这应该是最适宜于作家的工作方式。后来《七月》移到武汉来了，但在上海的最后一期上登了启事，就是将扩大篇幅，容纳较长的创作，"诱发在血泊里的含苞的花朵"。这就是说，我们原来就是努力想从《报告》发展或提高到创作的。刚才鹿地提到曹白和东平，他们写的那些报告本身实际上就是很好的作品，而最近的东平的小说，更建立了创作的一个到达点。所以，也许可以说罢，东平和曹白在某一意义上是说明了《七月》工作目标的实现路径的。

端木　方才胡风说到《七月》在开初虽然只容纳报告形式的作品，但在移到汉口以后，便竭力的想来容纳创作了。这个倾向是时时地向外界号召着，虽然并没有怎样的宣言。但是，创作不止是要求的问题而是应该和客观的情形来配合。因为，在开初，创作的投稿似乎很少，到后来才比较多了。所以像《严玉邦》那样的作品也收进来了。那不啻是向读者说："我们的要求创作，并不是十分苛求的！"所以我们的路子是想更向深沉的广泛的方面做去的。曹白和东平的出现，倘若如鹿地方才所说，由《七月》养育出来的，那么应该说是《七月》主观力量的一个光荣的确定。但是，这样的工作，才是一个开始，中国人是惯会在一开始就萎落下去了的。屠格涅夫说："刚一开始就结束了"，那是一句描写感情的警句，希望《七月》不做到这样，那些被养育出来的作家也不做到这样。

鹿地　端木君的担心是多余的。"是谁产生了曹白们的？"这，我也晓得。是谁产生了的呢？我敢说，是时代。我想谈一谈开始看到曹白的文章的时候的记忆。当我们在上海继续着逃来逃去的生活的时候，看到了文学界的绝望的贫困状态。"最后的胜利是我们的"，"打倒东洋鬼子"等等鼓励，是好的，但作为两足悬空了的无内容的结语，无论什么场合一定抱着这样的口号，那恰恰像是说明了作品的没有内容似的。这样的作品泛滥了一时。那时候我在《七月》上面发现了曹白的"报告文学"，高兴得很。抗战以后，他马上在难民收容所里开始了坚实的工作，在非常困难和悲惨当中用大的忍耐心工作着。从那里，代替"最后胜利，……"。他把"困难将把这些幼儿们造成坚强的中国人罢"这一类的，他的生活所触到的一个一个活的问题写成了卓越的报告文学，充满了悲痛，但也充满了战斗着的中国的力量和内容。然而，如果没有给他以活动的地盘，把这样的作家介绍给社会的"组织者"，这样的作家也会被埋没的。当时正是充满了这样的危险的困难时期。那时候，《七月》是尽了组织者的任务的，发现了他，而且养育了他。《七月》把当时的风气置之不理，在一贯的编辑态度下面努力地发现这样的作家，正是没有忘记组织者的任务。把"定期刊物"叫作组织者的原因就在这里。换句话说，重视而且抚育这样的作家，就可以把这普遍化为一种作家的态度。最近，写了《颂徐州》的，素质很好的诗人庄涌，被诱发出来了。不仅是在《七月》上面，也可以在一般文学界诱发好的作家的风气。

胡风 到这里，我再插一点说明罢。当开始工作的时候，不能不考虑到由文坛传统风气来的一些困难条件，这里可以提到两点。第一，新文学为了开拓道路，不能不在观念形式态上作坚强的斗争，然而，由于一些原因，对于具体作品的评价——引申优点指摘弱点的工作，反而有忽视的倾向，这就使得文坛风气常常被不成熟的理论观点所困惑，使我感到倒不如优秀的作品反而能实际地生出的影响。第二，我自己做了一些所谓"批评"工作的，但经验使我积成了一个苦闷，那就是：如果用论理的言语说话，就是一个单纯的创作现象的理论的追求，也常常会遇到意外的麻烦和意外的误解。由于这，《七月》采取了用编辑态度和具体作品去诱发作者的方针。而且，在战争刚刚爆发后的那种火热的空气里面，作家都被生活的激流冲烫着，只要编辑态度和具体作品给以刺激、以暗示，就会从他们和生活的搏击声里面生出创作的欲求和创作的形式，抽象的理论指示，也许反而会显得不够力量。

——现在看来，这方针可以说是收了一些成果的。……（对乃超）你说一点吧。

乃超　我的话也许不中听，你们要生气的话，尽量生气好了。《七月》在抗战中的文艺活动是有成绩的。但是，不够。我同意鹿地先生的说法，曹白、东平是时代养育的。的确，我们的民族解放战争，激发着丰富的民族感情，引诱了许多人提起笔来，即使是极生疏的笔，这是因为该写的题目太多了。实际上，如八百壮士，大战平型关，死守南口等等，《七月》并没有反映，但未熟的作品却大量产生了，这说明许多青年在写作着。这些人是需要指导诱发的。过去，有人以为我们只抓住时代忘了艺术，现在又有人主张抗战时期文艺应该让位，我们的意见倒不会这么动摇不定，始终有一贯恰如其分的理解。《七月》对于取消文艺的偏向做了斗争，这是对的。但二三同人似乎有急于要求伟大作品，而忘了抗战的另一偏向。以前我们几个朋友和胡风谈过，说《七月》应该成为抗战中文艺运动的指导杂志，他以《七月》为同人杂志，说不可能，但实际上不但是可能的，而且应该这样。我说忘了抗战当然并不是说曹白、东平不在战斗中，相反的，他们一个在难民收容所里，另一个在前线。正因为如此，才有这样好的作品。但伟大作品的要求，在第一次座谈会中，使我感到有逃避抗战，关起门来写作的欲望，这是一种偏向，虽则只发现为言论，但《七月》对此是应该负责的。

一个历史转换期的速写

鹿地 奚如君先说罢。

奚如 我就对这些问题来发表一点儿意见。首先我要声明的，是我的意见并非自己的创举，而是刚才各位所接触到了的问题的调整或者引申。为了发言的便利，我将我的意见分作四点来说：第一点，是关于《七月》的，《七月》这刊物是在什么样的情形之下产生的呢？是在许多作家放下了笔不写与许多文学刊物纷纷停刊的情形之下产生的。为什么许多作家——这里所指的是过去的左翼作家——放下了笔不写或者写不出来呢？我以为应该从历史的演变上去求解释。我们都知道，过去我们许多有名气的作家，所写出来的东西都是根据当时国内战争，阶级对立的观点出发的。但自从国内的和平统一告成，卢沟桥事变爆发以后，全中国起了空前的变化，那特点就在于各阶级的妥协，联合一致去反对共同的外来的敌人——日本帝国主义！因此，各阶级之间的关系起了大的变化，也就是说人与人之间的关系起了大的变化，过去熟悉阶级对立的社会生活的作家们，一下子还不能了解这新的时代，当然更不熟悉这新的时代，于是，要继续过去的作风既不可以，要描写现在的事实又不可能。因此，大部分人都写不出东西来了。而另外有些作家，为了摄取新的文学滋养，跑上了前线，自然一时也还拿不出东西来。还有的简直认为在此抗战时期，大家去打仗好了，用不着了文学，机械地理解了"把一切都交给战争"的原则。有了这许多原因作家们必然会把笔搁下，没有什么作品了，这是第一。第二，为什么许多文学刊物都纷纷停刊了呢？理由很简单，就是没有了文章，编者不能像过去那样：集合一部分在亭子间或前楼里安心写得出稿子来的基本撰稿人。自然，当时书店老板在飞机炸弹之前受到恐怖，不敢再拿本钱出来干"文化事业"，与本问题也有着很大的关系。但正在这样苦闷的情况之下，《七月》却出而问世了。我不想作文学史家来评判《七月》，只认为《七月》的出现，实在是有着颇大的意义的。因为它的同人如胡风、东平、端木、萧军、萧红、绀弩、艾青、田间、曹白……柏山等，大约都感到了应该克服这苦闷，应该把新文学运动从过去迎接到现在，推进到（伟大的）将来，因而致了优秀与艰苦的努力的吧。他们本着革命的现实主义的立场，既未被新的时代所压倒，也未被"文学家可以散会了"的意见所吓退，反而大胆地接触了实生活，有的简直豪勇地透入了实生活，于是，写出了实在不坏的作品放在《七月》上面，安慰了读者的要求，多少尽了新时代的任务。因此，我或者可以放大一点儿胆子说：《七月》的作用，在于它给险要离散的新文学搭了一道桥梁，使它平安而阵容不乱地走了过来，虽然这道桥梁并非石砌铁铸的，还不能通过像装甲汽车或坦克车那样重量的东西，但是，它终于让文学的步兵一个一个地走了过来，却是真的。

第二点，是关于大家刚才所说到的，而我要以这样的小标题来发言的问题——为什么现在才有像东平的近作：《一个连长的战斗遭遇》这样完整的佳作，而过去则没有呢？我的回答是：因为过去的客观形势比现在混乱，不可能产生大的好的作品。当时是在第一期抗战的阶段，由于政治上军事上的缺点与错误，朋友们，我们实在打了些很悲惨的败仗！因此，当时社会一般人的心理状态，是颇为混乱的，因此，作家的主观也是颇为混乱的；因此，也就不能产生像东平的《一个连长的战斗遭遇》；因此，只能有一些非常片断的报告文学之类，而且还是带着观点不正确的报告文学之类，即过分的用了绝望，与无意的用了敌视的态度去暴露了各方面的黑暗。黑暗固然还是要暴露的，但应该抱着善意，希望和鼓励的心啊！自然，作家从过去那样阶级对立的观点写惯了文章，还难得一家伙就克服过来，于是，就有了过去那现象。实在，抗战后中国内部的情形，是非常曲折而不单纯的，因为既不是阶级对立，也不是阶级消灭，而主要的是各阶级要融洽而联合一致地抗战，但各阶级间却又还存在着矛盾。作家怎样从这里适当地去安置他的观点，去处理他的题材，那非从政治上进一步的学习与体验不可。

《七月》在开始时，只能登载许多短小的报告通信之类，那是必然的事，也可算是客观要求的严肃的工作。

然而，现在却不同了，现在登出了像东平的《一个连长的战斗遭遇》。为什么呢？因为现在各方面的情形都有了进步，因而，使作家的心从混乱里解放了出来，一切都是如此的乐观，如此的兴奋，如此的健康，作家的创作力活跃了，完整了，因此才有了进一步的收获。

第三点，是怎样鼓励东平再前进与鼓励其他的作家赶上东平而且超过东平的成绩呢？我以为，第一，必须鼓励东平再进一步地渗入壮烈的民族革命战争里去！从东平最近的来信上看，他是已经自觉自动地做到了，他已经参加了新四军的先遣队，到敌人的后方打游击战去了！祝福他如他的来信上所表示的愿望："能够不死，那就是有更伟大的材料来写小说！"他的工作方向是一个好的模范。第二，必须鼓励别的作家去参加一下实生活。作品固然是经过想象而创造出来的，但不能说完全不走近实生活就可以创造出好的真实的作品。当然，我不是在主张着作家去打仗好了，放弃文学得了。

不。作家到前线去，社会上对于他的要求，绝不是光为了打仗，而是为了理解战争，搜集战争的材料，有计划的写出作品来！

第四点，是想说一说《七月》的缺点。《七月》虽然表现了成绩和战斗的任务，但我还以为不够，主要的是未能明朗地提出自己的主张来，明朗地批判文坛的缺点。同时也还未将眼睛注意到《七月》以外的文艺活动上去，谦虚一点儿是好的，但不可纵容错误，需要斗争！当然，现在我们需要的是站在统一战线的立场上的理论的斗争，不是对立与仇视的打倒的斗争！与一切错误的倾向做斗争，这是过去新文学运动的优秀的历史传统，尤其是鲁迅伟大精神的所在，不可放弃的，因为既在还有矛盾根据的现社会里，文坛上一定还有进步与落后，正直与诡诈的现象，这样从极其纷繁复杂的光波里射出一道鲜明强烈，确立不移的新文学的光荣呢？那是今后《七月》所应该努力的方向！尤其是理论家如胡风等，更应该拿出勇气来啊！好，许多朋友要抢着发言了，我的话就此结束。

同人杂志一席辩

胡风　但是，对不起，让我先对乃超的意见解释几句。我所说的"同人杂志"是指编辑上有一定的态度，基本撰稿人在大体上倾向一致说的，这和网罗各方面作家的指导机关杂志不同。第一，我以为，用一个文艺态度号召作者读者，由这求发展的杂志，对于文学运动是有用的，第二，《七月》的工作如果不是采取这个方向，恐怕很难得开始，第三，《七月》也并不是少数人占领的杂志，相反地，它倒是尽量地团结而且号召倾向上能够共鸣的作家，尽量地寻求新的作家，例如开始没有写稿的作家现在写得很多，如东平、艾青等；许多新作家的出现夏不必说了。这是一个方针或方向问题，我平常谈话的时候，是使用"半同人杂志"这个说法的。

端木 所以，由此观之，方才假设有人说《七月》是坐在屋子里写伟大的作品的一个同人的机关，那么，又怎样会养育出接触现实生活的作家了呢？这一个无可置辩的事实，便可回答这个矛盾的质问。可见倘是在行动里学习了的作家是《七月》养育出来的，那么，《七月》也必然是行动的艺术。否则，方才所到达的结论就有被推翻的危险。

胡风 是的，东平提出过要求伟大的作品的意见。但他的意思并不是像乃超所说的，关在房子里写伟大的作品。第一，东平本人始终是战斗的，对于他的战斗行动，我们一向是取的对他自己鼓励，对一般作家和读者宣扬的态度。第二，在东平提出要求伟大的作品的论点里面，的确有许多不正确和混乱的地方，但有一点我们应该注意：他对于在十多年苦斗中培养出来的青年文学干部在抗战里面没有成绩表现的现象，表示了很大的不满，所以他"要求成熟的老作家不要腐化，幼稚的青年作家加紧努力"。从这个心境要求伟大的作品，我以为反而是值得同情的。第三，乃超说《七月》对于东平的意见应该负责，但其实，《七月》的工作态度当不会给人一个离开斗争去创造作品的印象罢，因为，《七月》上的作品，绝对的大多数是从战斗的意志战斗的生活产出来的。乃超之所以有了这样的意见，或者因为我们太熟了，看见我成天做着文字的工作，因而觉得我也许是主张闭门创作的罢。其实，只要能够我倒很希望到战场上去跑跑，那一定比现在的工作活泼得多，有趣得多。

（追注：关于东平底以及类似的意见，虽然不完全，周行和我曾经做过批判，就是在东平提出这意见的那次座谈会上，当时大家就批判过，乃超自己也是参加这批判的一人。东平后来还自己纠正了自己的论点的。——胡风）

鹿地　似乎提出了许多重要问题，先把"同人杂志"这个问题解决了再说罢。

乃超　同人杂志的问题是我引起的。我先加以说明，免得发生枝节。记得我们从前和胡风谈到《七月》的问题时，希望《七月》成为抗战文艺活动的组织者，但胡风以为《七月》是同人杂志，负不起这个责任，所以我今天才提起这个问题。我今天的用语，不说同人杂志而用"同人杂志的姿态"，以前的我所理解的和今天胡风所说的"半同人杂志"是一样的。就是说，《七月》不该建立在少数同人身上，应该诱发多数的青年作家，并指导整个文学运动。

鹿地　胡风君说开始的时候不得不采取同人杂志的形态，这情形我是懂的。然而，文学杂志为了守卫"立场"，半同人杂志的形态是必要的，对于这说法我不赞成。

事实上，《七月》不是一开始就不是同人杂志的性质么？说是同人杂志，是指的什么呢？是不是说那不是某文学团体的机关志？如果是这个意思，那我以为不能也不应该把《七月》做成什么机关杂志。因为，像苏联那样的，被一个文学方针所贯串的统一的文学团体都在中国并没有。统一的团体是有的，文艺界抗敌协会就是。然而，那不是被文学的方法所统一，而是在"抗敌"这个政治目的的一点上把种种倾向的作家群都团结起来了的团体。作为在那个意义上的团结的中心组织者，有杂志《抗敌文艺》。不用说，全国的文学工作在正确的方法下面得到统一和组织，是希望的。然而，那要怎样才能够达到？第一，应该以"抗战文艺"为中心，发动讨论和研究，例如：作家在抗战里面应该怎样活动；在哪一点上有了成功或失败；哪个作家的工作，哪个地方分会的做法是正确的，等等，使得不但是政治的意见，连关于文学方法的意见都逐渐统一下去。另一方面，为了充分发挥各自的特质，使优秀的现实主义成长，以至克服坏的倾向，现在带有不同倾向的杂志应该互相竞争，斗争的。在这个竞争的过程上面，正确的倾向或为支配的，统一的气运就会渐渐地成熟罢。在各杂志的编辑者或代表者一类的会议席上，意见的交换和斗争也是必要的。我想应该准备，急忙地机械地去做，可不会成功，现在是向着那个统一方向进行组织的斗争过程。

同人杂志是什么？我把这解释为小集团体主义的杂志。

仅仅是一定的同人的发表机关，是宗派性质的杂志。《七月》一开始就有一定的编辑同人，然而，那是撰稿者，并不是表示执笔者的限度。不仅如此，《七月》是为了好的工作而开放，努力地发现了那样的工作者。因此，现在逐渐开始和大众结合了。和这相反，甚至某一团体的机关杂志都有显出同人杂志的危险。仅仅被大作家或经常执笔者所独占，没有发展的杂志，就是的。

其次，以后编辑同人应该有的。那应该由少数的比方三四个有权威的人构成。太多了不行，太多了只会使工作混乱而已。只是，为了批评编辑上的成绩，和采取对于将来的意见，有一个把人数扩大的批判会议也好。杂志一出来，应该马上在那会议席上求得关于那结果的意见。

端木　我以为这是个名实的问题，比如乃超说《七月》是同人杂志，而一般广泛的读者也承认《七月》是同人杂志，而后来如胡风所说，是做到了半同人杂志的地位，而现在好像又有判定《七月》为非同人杂志的倾向。其实，这还是个名实之争，《七月》的姿态不管是同人杂志也好，非同人杂志也好，他却是以同人的主观的力量来奠定的。因为有的人对于《七月》的要求不同，所以看法就有差异。

鹿地　绝对不是名词的问题。名词虽然没有被鲜明地提出，但实际上做了卓越的组织者。如果不是这样，《七月》就不会有今天的发展，也没有诱发好的作家罢。我希望现在确认这个意义，使作好文学组织者的机能更加成长下去。

（附注：端木说的是名实之争，当时译者错听成名词之争，所以彼此的用语有一点不同。——记录整理者）

端木 我以为这是个名实之事。从前王安石和司马君实争论的时候，他们有的说是名实之争，有的说不是，可是别人看得明白，而且可以指出实是属于哪方面的。我以为《七月》无论如何，以后仍然要以《七月》同人为基础，但是要更广泛的号召全国作家和养育更成熟的作品。而且，《七月》从前作的自然有不够的地方，就是在主观上我们也承认还储藏一部分力量没有发挥出来。当然，如鹿地所说：《七月》倘不吸收更广泛的角度，只有灭亡。是的，因为一个有方向的杂志必须要和客观现实来配合。《七月》知道这一点，并不机械，所以它不会和现实背驰开去。

适夷 《七月》虽然不是同人杂志，但乃超所说的有同人杂志的姿态，却是事实。这表示在作品倾向的一致上面。我想，作为整个文艺运动的一个岗位，这一种集合是必要的。但是，对于自己这一倾向，必须负起宣扬的责任，比方《七月》中所特别推荐的作品，事实上有很多还没有引起注意，这一介绍的工作还做得不充分。其次，对于《七月》以外的整个文艺的作品的活动，也不应该放弃批判的任务。对于不正确的倾向，仍应取斗争的态度，使《七月》和整个文运息息相关地配合，是必要的。这样的工作过去太缺乏了。

胡风 我再声明几句罢:《七月》从开始到现在，态度并没有改变，因为最初就是希望能够像现在这样广泛地和读者大众结合的。在汉口出版的第一期上面，我们声明了愿意和读者在战争里面一同成长，希望读者来参加我们的工作。不过，为了保持基本的态度，第一，创作态度不同的作家我们不请他来参加，第二，即令创作态度我们是共鸣的，但如果彼此不熟悉，也不勉强地请他来参加，因为不熟悉就不能够不客气地决定稿子。所以，《七月》决不拉成名作家的稿子，从这方面恐怕受到了不少的误解，但是，《七月》决不是被少数人所独占，第一，它对于投稿者完全公开，许多新的作者在这上面出现了，第二，基本的撰稿者也是来来去去，经常流动的，有从前写得多的现在少写或者不写了，有从前少写或者没有写的现在却写得很多，所以《七月》的基本撰稿者实际上并没有一个明确的界限。担心《七月》会建立在少数同人身上是不必的。

鹿地 的确，我以为《七月》在发展的过程上并没有改变它的姿态。看起来好像改变了，那是因为开始还没有和大家结合好的时候，给了人一个只是编辑同人的作品的印象。所以我说过，问题是在于"方针"。非难说只是团集了某种倾向的作家，那也不当。不是倾向，应该说是守住了文学的方向。在这个意义上，杂志是应该明白地拿住方向的。

因为这，没有把成名作家和新作家区别的必要。没有特别去拉成名作家，这是对的。如果因为这理由，一部分成名作家说《七月》是"同人杂志的"那是错的；这反而恰恰是非"同人杂志"的证据。不应该拒绝谁，但也用不着特别地去拉谁。就是编辑同人，也应该时常由更适当的人来补充，代替。总之，用不着拉个人，应该拉的是工作。谈到《七月》的现状，是好到不能说什么坏话的杂志，可以说是到了国际的水准。

但是，为了更大的成长，下面略略说点意见。要说不够的地方，那也是反映了现在中国文学界不够的地方。那就是，虽然《七月》正走向正确的现实主义的轨道，但一般地说，作品还显得狭小。打破了记述的文学的限度的，有分析的努力的作品，还没有见到。因而没有从分析产生的各种各样的现实主义的多面性。那原因是由于"还没有那样的作家"，现在不能马上有什么办法，但应该有奖励这样努力的理论的工作。

冯君说没有从文学上反映"八百壮士""南口之战"等等英雄的事件，但我却不希望有太草率的反映。大的纪录文学，是应该努力的，但那不是一朝一夕可以得到结果的罢。如果说的不是纪录文学，而是报告的意思，那就顶好把"通信"更组织化。为了时时刻刻把那些事实的姿态正确地普及，"七月社"应该逐渐地在各战区各地方寻求定期制的，负责的通信员。从到现在为止的受动性更进一步。把通信计划化，有机会能在汉口举行通信员会议那就更好了。

其次，多关心到好的宣传艺术，请介绍一些正确的宣传剧本，好的漫画讽刺诗……罢。

还有，最重要的是在文学界扇起批评精神，如像奚如君所说的。到现在为止，过于沉默的工作了。不仅《七月》把注意扩大到一般文学界，多来些文学评论。这正是分析文学界的成绩，把到达点集中，展开的工作。

奚如君刚才说的意见，已经是很好的"现状鸟瞰"的论文，指出了重要的问题，例如说停止了阶级斗争，进入到民族抗战期以后，对阶级文学努力了的作家们迷惑了。像这样的事实，正暗示了过去的所谓"阶级文学"的方法本身应该加以反省的重要问题。希望奚如君马上把这写成文章。

东平断片

端木　我现在提出一点疑问，是方才怕扰乱了论点没有提出来的。奚如说东平创作中所指出的方向，大概他是这样说的吧，希望《七月》的创作将来也按照这方向来发展。我认为这里应该先说明东平的作品所代表的方向的必要。

奚如　我的意思是，东平现在获得的成绩，决不是偶然的。他是从不间断的实践生活里培养出来的。过去，他会直接参加过海陆丰的土地革命，现在，他是直接参加了抗日战争，他的生活就是战斗着的，所以才能写出这样好的作品来。我是说，他对于生活的战斗的态度，可以作我们的模范，而且，他对于创作的不肯随便的态度也是可宝贵的。

鹿地　对于奚如君的意见完全同意，在东平里面被我们看到的最好的地方是对于现实的拼命的肉搏。没有所谓小说家的随便的地方。他和作品里面的人物、自然、战争拼命地格斗。这是从什么地方产生的？是从作家对于生活的严肃的态度。

辛人　东平的创作能够达到现在这样的水准，一方面固然是他的对于现实生活体验的丰富，因为他是很小的时候就不得不离乡背井，独个儿到外面流浪过活；另一方面，他对于艺术的执着的努力，也大有关系。他是连小学都没有读完的，六七年以前他做的文章，句子还要修改。但他此后一直的专心创作，在艺术的修养上用了很大的苦心。

抗战爆发以后，不单是文坛，就是社会上一切现象，都起了一种突然的变动与混乱。一般的青年们开始都有"报国无门"之感。当时东平气愤愤的要埋头创作，不管外事。这种态度很引起朋友们的指责。其实，他是一个无论在文学在行动上都爱用夸大的线条去表现一切的。他的本意仍然把实践和修养并重地列在一起。

去年十月他从济南回来时，谈起当时在韩复榘统治下的山东的政治与军队的黑暗腐败情形。对于这种情形，他不大敢下笔写出，因为怕被人说是"汉奸文学"。这证明我们的文艺批评对于创作的指导的不够。不过，看了《一个连长的战斗遭遇》后，我们觉得他是正确地站在动的新现实主义的立场上，能够批判地表现现实了。

胡风 关于东平，我也说一点。他除了认真的一面之外，还有天真的一面。《七月》在汉口出版了以后，他从南京寄来了一篇文章，在附寄来的信上说，你大概不愿采用我的文章罢。我在回信里说，我愿意用你的文章，不过这一篇并不好，因为，虽然写的是抗日战争，但人物的感情和环境都是内战时代的情形，不过把内战时代的材料换上了些抗日的字面罢了。他回信承认了这事实，并且叙述他舍不得把过去的材料丢掉的心境。这以后，发表了我们都知道的那三篇有名的"阵地特写"。这次到东战场去，在南昌停了很久，中间又寄来了两万字左右的小说，信上说他自己非常满意，——他有一个有趣的癖气，当他把不能十分自信的文章寄给你的时候，往往反而说自己如何如何满意，恐吓一通，以为这样就会一定发表的。——但一看就晓得那依然是内战时期的材料，虽然他自己写得很用力，但人物的性格和环境依然是把握不定的。于是回信指出，劝他不要发表。他回信说，原来以为可以混过去的，但既是这样不能马虎一点，那就不要发表；希望以后一直对他保持这种态度云。从这里可以看到他的天真的一面。我想这天真也可以作为他的认真的一面的说

明。——好，关于东平，到这里为止罢。（对萧红）你早想说
话的，现在轮到你了。

其　他

萧红　胡风对于他自己没有到战场上去的解释，是不是
矛盾的？你的《七月》编的很好，而且养育了曹白和东平这
样的作家，并且还希望再接着更多的养育下去。那么，你也
丢下《七月》上战场，这样是不是说战场高于一切？还是为
着应付抗战以来所听惯了的普通的口号，不得不说也要上战
场呢？

关于奚如对于作家在抗战中的理解，我有意见的：他说
抗战一发生，因为没有阶级存在了。他的意思或是说阶级的
意识不鲜明了，写惯了阶级题材的作家们，对于这刚一开头
的战争不能把握，所以在这期间没有好的作品产出来。也都
成了一种逃难的形势。作家不是属于某个阶级的，作家是属
于人类的。现在或是过去，作家们写作的出发点是对着人类
的愚昧！那么，为什么在抗战之前写了很多文章的人而现在
不写呢？我的解释是：一个题材必须要跟作者的情感熟习起
来，或者跟作者起着一种思恋的情绪。但这多少是需要一点
时间才能把握住的。

还有，下次座谈会一定要请记录人，这种不能成为座谈

会。谈话是跟着声音继续的，这样的间隔法，只能容少数的人，或是完全庄严的理论和一篇文章一样的谈话才能够被发表，比方今天，有半数的人只得到了坐着的机会，而没听到他们的声音，我看他们感到寂寞的样子。这是对于同坐的人的不敬。

胡风　是的，艾青和宋之的完全没有开口，几次想说话都被我们抢先了。这很不好。（宋之的和艾青笑）

奚如　我还要抢先说几句。萧红完全听错了我的意见，我并未说过去有阶级存在，现在没有了。现在阶级还是存在，不过阶级间的关系起了变化，即不是对立，而是协调，一致去反抗日本帝国主义。萧红所说的作家暂时不能把握这新的变化，以后能把握住了就可以写出作品来，这是对的，跟我的意见也是一致的，并不冲突。

胡风　好了，两人的意见在这一点并不相差太远，不必延长下去了。——是再换一个项目谈下去呢，还是就此结束？

（座中的声音：不少了，可以结束罢！）

乃超　恰好把今天的题目所要谈的几点谈到了。

胡风　那么，今天的座谈会就此结束了。但我有几句最后的话。第一，今天着重地提出了曹白和东平，这是好的，但可不能给人一个《七月》只他们做了工作的印象，因为，《七月》上面还有一些作家努力写了优秀的作品，另外还出现了一些有希望的新的作者，只不过并没有他们两个的印象那

189

萧红谈话录（二）

么有力和鲜明罢了。其次，一向就希望朋友们对《七月》不客气地发表意见，使工作能够改造，但大家都是很客气。今天特别开座谈会，而且开始的时候还声明了请多说坏话，但结果还是过于客气。希望以后随时有意见就不客气地告诉我们。最后，希望能够尽力从今天的谈话里使工作更加改进。

（座中的声音："外交辞令来了！……"接着是一片笑声。）

端木 你又可以在记录后面写上"在笑声中散会"了！

胡风 不，你一说破我就不写了。

（又一片笑声）

萧红生平事略

■ 蒋亚林

1911 年

6 月 1 日（阴历五月初五，端午节），萧红出生于黑龙江省呼兰县 (现哈尔滨市呼兰区) 一个地主家庭。姓张，乳名荣华，学名张秀环。

萧红祖籍山东东昌府莘县长兴社十甲梁丕营村，今为山东省聊城市莘县董杜庄镇梁丕营村。乾隆年间，其先人张岱闯关东至关内，开始了其家族在东北的新的发展史。

1916 年

萧红外祖父将萧红的学名"张秀环"改为"张廼莹"。

1917 年

萧红祖母去世，萧红的祖父开始了对萧红的文学启蒙。

1919 年

萧红母亲姜玉兰不幸染上霍乱，医治无效去世。是年，萧红九岁。

年底，萧红父亲张廷举续弦，娶梁亚兰为妻，为萧红的继母。

1920 年

秋，萧红进入呼兰区第二小学（现为萧红小学）女生部学习（学制四年）。是年，萧红十岁。

1924—1926 年

读高小（学制二年）。

1924 年秋，萧红入北关初高两级小学校女生部，读高小一年级。

1925 年秋，萧红转入呼兰县第一女子初高两级小学校（在今呼兰县第一中学院内），插班读高小二年级。

1926 年夏，高小毕业。萧红想去哈尔滨读中学，遭到来自父亲和继母的强烈反对，萧红没有因此放弃要读书的愿望，开始与父亲、继母冷战，进行抗争。

1927 年

夏，萧红父亲张廷举同意萧红继续读书。

秋，萧红进入哈尔滨东省特别区区立第一女子中学（简称"东特女中"，或"哈尔滨女中"）读初中，学制三年。二十岁初中毕业。此校系"从德女子中学"的前身，现为"萧红中学"，在今邮政街 130 号。

1929 年

1 月初，由萧红六叔张廷献做媒，父亲给萧红定亲，未婚夫为汪恩甲。

6 月初，萧红祖父去世，萧红从此失去了世界上最关心、最爱护她的人。

1930 年

夏，萧红初中毕业。萧红想去北平读高中，而父亲和继母希望萧红与汪恩甲完婚，不赞成萧红去北京读高中，萧红决定为了求学抗婚。

7 月，为了抗婚求学，萧红与表哥陆哲舜逃到北平，就读于北平大学女子师范学院附属女子中学。历时半年。

1931 年

1 月，因为陆家断绝了陆哲舜的经济来源，走投无路的萧红与陆哲舜双双败回呼兰。

4 月上旬，萧红父亲将萧红软禁于阿城县福昌号屯。历时七个月。

10 月 4 日，萧红坐大白菜车逃离阿城县。

11 月，萧红开始在哈尔滨街头流浪，过起了颠沛流离、朝不保夕的生活。后与汪恩甲在东兴顺旅馆同居。

12 月，萧红怀孕。

1932 年

3 月，萧红离开汪恩甲，独自再赴北平。

3 月末，萧红与汪恩甲同回哈尔滨，再次入住东兴顺旅馆。

春，萧红创作了《可纪念的枫叶》《偶然想起》《静》《栽花》《公园》《春曲》（组诗）等诗歌作品。

5 月，汪恩甲离开东兴顺旅馆，被家庭扣下。

6 月，因欠东兴顺旅馆食宿费，萧红被旅馆扣下，而且很有可能被卖到低等的妓院。

7 月，萧红给《国际协报》副刊主编裴馨园投书求援，裴馨园对萧红施以援手，展开救助。萧军因裴馨园之托去东兴顺旅馆探望萧红，两人一见钟情，萧红爱上萧军。萧红创作了《幻觉》一诗，此诗首刊于1934年的《国际协报》副刊《国际公园》，署名为悄吟。

8月，萧红生下一名女婴，并立即把女婴送人。

9月，萧红与萧军入住欧罗巴旅馆（今尚志大街150号）。后又搬到商市街25号（今红霞街25号）一座半地下的小屋，开始正式夫妻生活。

1933年

3月，萧红开始尝试文学创作，发表小说处女作《弃儿》。之后，陆续创作了短篇小说《看风筝》《腿上的绷带》《太太与西瓜》《两个青蛙》《哑老人》《夜风》《叶子》《清晨的马路上》《渺茫中》，散文《小黑狗》《烦扰的一日》《破落之街》，诗歌《八月天》等作品。

10月，萧红与萧军合出小说、散文集《跋涉》，引起了文坛的注意，萧红、萧军因此被誉为"黑暗现实中两颗闪闪发亮的明星"，并由此奠定了萧红、萧军二人在东北文坛的地位。

12月，《跋涉》遭查禁，萧红、萧军在哈尔滨举步维艰，二人计划离开哈尔滨，另谋出路。

1934 年

2 月，萧红创作了短篇小说《离去》。

3 月，萧红创作了短篇小说《患难中》《出嫁》，创作了散文《蹲在洋车上》。

4 月，萧红以悄吟为笔名，在哈尔滨《国际协报》副刊发表《生死场》（原名《麦场》）的前两章。

6 月，萧红与萧军流亡到青岛。此次离开哈尔滨成为永别，直到八年后花落异乡，萧红再也没有回来过。

9 月，萧红完成《生死场》后七章。

10 月，萧红与萧军一同给鲁迅写信，并得到鲁迅的回信，由此与鲁迅开始了书信的往来。

11 月初，萧红与萧军双双来到上海。

11 月底，萧红见到鲁迅，并得到鲁迅的赏识，从此和鲁迅、许广平一家开始交往，并建立起深厚的感情。

12 月，萧红、萧军接到鲁迅的邀请赴宴，并结识了茅盾等文学大家。

1935 年

1 月，萧红创作了散文《小六》。

2 月，萧红创作了散文《过夜》。

5 月，萧红完成回忆性散文集《商市街》。

6 月，萧红创作了散文《三个无聊人》。

11 月，鲁迅为萧红的《生死场》作序。

12 月，经鲁迅校阅、编订，萧红的《生死场》作为鲁迅主编的"奴隶丛书"之一，由容光书局出版，笔名萧红。

冬，萧红创作了散文《初冬》。

1936 年

1 月，萧红参与编辑的《海燕》创刊，并于当日售完两千册。萧红创作的散文《访问》首刊于《海燕》的创刊号上。

3 月，在鲁迅的引见下，萧红与美国作家史沫特莱在鲁迅家相识。

4 月，萧红的短篇小说《手》首刊于《作家》第一卷第一号。

6 月，萧红在《中国文艺工作者宣言》上签名。

7 月 15 日，鲁迅为萧红赴日本饯行。

7 月 16 日，萧红带着心灵之伤，远涉重洋，只身去岛国日本。历时半年整。

9 月 18 日，萧红为纪念"九一八"事变而写的散文《长白山的血迹》，在《大沪晚报》上发表。

10 月，萧红得知鲁迅先生病逝，陷入深深的悲痛之中。

11 月，萧红的小说、散文合集《桥》出版，署名为悄吟。

12 月，萧红创作了散文《永久的憧憬和追求》。

1937 年

1 月 9 日，萧红结束了在日本的学习和生活，离开东京，准备回国。

1 月 13 日，萧红回到上海。

3 月，《沙粒》（组诗）在《文丛》第一卷第一期发表，署名为悄吟。萧红创作了悼念鲁迅先生的诗歌《拜墓》。

4 月，因与萧军冲突，萧红只身去北平（这是第三次去北平）。

5 月，萧红接到萧军来信，由北平返沪。短篇小说集《牛车上》由上海文化生活出版社出版。

6 月，萧红创作了诗歌《一粒土泥》。

夏季，在上海召开的创办抗战文艺刊物筹备会上，萧红认识了端木蕻良。

8 月，萧红创作了散文《八月之日记一》《八月之日记二》《天空的点缀》《失眠之夜》《窗边》《在东京》。

9 月 28 日，因战事危急，上海成为一座"孤岛"，萧红、萧军同上海其他文化人一起退往武汉。

10 月 17 日，萧红创作了怀念鲁迅的散文《逝者已矣！》。该文章首刊于 10 月 20 日《大公报》第二十九号，署名为萧红。萧红创作了散文《小生命和战士》。在武汉，萧红开始了长篇小说《呼兰河传》的创作。在武汉蒋锡金家，萧红再次遇到端木蕻良。

11月，萧红创作了散文《两种感想》《一条铁路底完成》。

12月，萧红创作了散文《一九二九年底愚昧》。

1938 年

1月16日，萧红参加题为"抗战以来的文艺活动动态与展望"的座谈会。当天，萧红的《〈大地的女儿〉与〈动乱时代〉》（书评）首刊于《七月》半月刊第二集第二期。

1月27日，萧红、萧军、端木蕻良等作家离开武汉，奔赴山西临汾民族革命大学任教。

2月，萧红到达临汾，并与丁玲相识，从此两个闻名中国的女作家建立起了深厚而又真挚的友谊。日军逼近临汾，在去留问题上，萧红、萧军出现了分歧，最终二人在临汾分手。萧红创作了散文《记鹿地夫妇》。

3月，萧红与端木蕻良、塞克、聂绀弩等人一起创作了引起巨大轰动与反响的三幕话剧《突击》。萧红发现自己怀孕。

4月，萧红正式与萧军分手，与端木蕻良正式确定恋爱关系。萧红参加由胡风主持的题为"现时文艺活动与《七月》"的文艺座谈会，并表达了自己的创作观。

5月下旬，萧红与端木蕻良在汉口大同酒家举行婚礼。

8月，萧红因逃难带着身孕独自上船，在码头被绳索绊倒。萧红创作了短篇小说《黄河》《汾河的圆月》。

9月，萧红寓居重庆。

10月，萧红寓作了短篇小说《孩子的演讲》《朦胧的期待》。

11月，萧红在医院产下一名男婴，男婴于三天后不幸夭折。

12月，接受苏联记者的采访。

1939 年

1月，萧红创作了散文《牙粉医病法》，短篇小说《旷野的呼喊》。

春，萧红创作了散文《滑竿》《林小二》。

3月14日，萧红写致许广平信《离乱中的作家书简》。

4月，萧红与端木蕻良住重庆歌乐山。萧红创作了散文《长安寺》。

5月，萧红创作了短篇小说《莲花池》。

6月，萧红创作了散文《放火者》。

7月，萧红创作了短篇小说《山下》《梧桐》。

8月，萧红创作了散文《茶食店》。

9 月，萧红整理完成回忆性散文《鲁迅先生生活散记——为鲁迅先生三周年祭而作》。

10 月，萧红完成《回忆鲁迅先生》，开始《马伯乐》的创作。

12 月，因为战乱，萧红与端木蕻良商量决定离开重庆，前往相对安全的香港。

1940 年

1 月 19 日，萧红与端木蕻良飞抵香港。

6 月，萧红创作了散文《〈大地的女儿〉——史沫特烈作》。

7 月，《回忆鲁迅先生》由重庆妇女生活社出版。

10 月，萧红与端木蕻良共同创作哑剧《民族魂鲁迅》。

12 月，萧红创作完成长篇小说《呼兰河传》。

1941 年

1 月，长篇小说《马伯乐（第一部）》由重庆大时代书局出版，署名为萧红。

2 月，长篇小说《马伯乐（第二部）》在香港《时代批评》杂志连载，因萧红健康状况的日益恶化，小说未能完稿，连载到第九章结束。

萧红主持由"文协"香港分会等文化团体举办的欢迎史沫特莱、宋之的、夏衍、范长江等人来港的茶会。

3 月，萧红创作了短篇小说《北中国》。

5 月，史沫特莱准备回美国，并带走了萧红的一些作品，打算在美国出版萧红的作品。

8 月，萧红入住香港玛丽医院，诊断为肺结核。

9 月，萧红的《马房之夜》被美国作家译成英语，作品在美国发表。

11 月，因住三等病房，萧红受到冷遇，在于毅夫帮助下，出院回家。

1942 年

1 月 12 日，萧红入住跑马地养和医院。

1 月 13 日，萧红被误诊为喉瘤，并被医生实施了手术，手术失败，萧红的健康状况每况愈下。

1 月 18 日，玛丽医院重开业，萧红再次入住。

1 月 19 日，萧红病重，口不能言，在纸上写："我将与蓝天碧水永处，留得那半部'红楼'给别人写了……"又写："半生尽遭白眼冷遇……身先死，不甘，不甘！"

1 月 22 日，上午 10 点，萧红与世长辞，享年三十一岁。萧红死后，端木蕻良剪下萧红一缕青丝。1992 年，萧红的故乡黑龙江省呼兰县建萧红墓，墓中埋葬的就是端木蕻良剪下的这缕青丝。

1 月 24 日，萧红遗体火化。部分骨灰被葬在浅水湾丽都酒店前花坛里，后被迁葬回广州，剩余骨灰一直被安葬在香港，以供后人悼念。

编后记

　　萧红是 20 世纪 30 年代以来，个性和创作风格都相对突出的作家之一。由于特殊的生活经历和情感经历，加上受到鲁迅先生格外的提携和帮助，萧红一直受到了世人过多的关注和评论。她的主要作品如《生死场》《呼兰河传》等，也是图书市场上的常销书；关于她的研究书籍，市面上也不断有"新面孔"出现。新时期以来，仅我所见，就有萧凤的《萧红传》，骆宾基的《萧红小传》，萧军编著的《萧红书简辑存注释录》和《鲁迅给萧军萧红信简注释录》，庐湘的《萧军萧红外传》，美国汉学家葛浩文的《萧红评传》，钟耀群的《端木与萧红》，郭玉斌的《萧红评传》，叶君的《从异乡到异乡》，单元的《走进萧红世界》，季红真的《萧红全传》，等等多部，各种单篇文章更是数不胜数。这些书籍和文章，从不同的角度，书写了萧红短暂而不平凡的一生，对她独具特色的作品风格也进行了概述和评论。

就我个人阅读而言，萧红也是较早进入我阅读视野的作家之一。20世纪80年代初，那时我还是一个懵懂的文学少年，在阅读《生死场》时，产生了不小的障碍，觉得她的小说故事性不强，语言怪异，枝蔓多，风景描写也多，可读性不强，多次想弃之一旁，但转念一想，既然鲁迅先生都写了序言，那一定是好小说了，算是勉强读完了。直到多年后，读过《呼兰河传》并重读了《生死场》，才感觉到萧红的了不起，才顿悟：一个作家，不管他（她）活多久，作品的量有多少，一定要建立自己的语言体系和叙事风格，要有自己清晰的面目，用现在时尚的话说，要有辨识度，也就是说，要做一个文体家，对汉语有独特的贡献，否则，必定会被淹没在浩瀚的文字当中。沈从文是这样的作家，萧红也是这样的作家。直到这时候，我才对萧红的作品有了全新的认识。为了加深对她的了解，我还刻意搜罗她的著作和与她有关的文字，后来又陆续读到她的一些小说、诗歌和散文，如作为文学丛刊之一的《商市街》等，对她的语言风格和叙事风格更加地喜欢了，对她作品的文体特征和思想内涵更加地推崇了；同时，也开始关注有关她的评论，还把《鲁迅全集》里鲁迅致萧军、萧红的信，通读了一遍，对茅盾等人评价她的话也深以为然。

早在2014年，我在为中国书籍出版社选编"中国书籍文学馆·大师经典"时，就选编了《萧红精品选》，精选了她的小说、散文和诗歌共三十万字，出版后，连续加印了多次。后来又约扬州作家蒋亚林先生写了一本《从呼兰河到浅水湾——萧红传》，也由中国书籍出版社于 2015 年出版发行，在读者中产生了较大的反响，收到了较好的社会效益。

这次编辑"回望萧红"系列丛书，我们在三年前就开始启动，征求了许多专家学者的意见，书目也列了多种，经过多方面的考虑，我们选择了十种图书在前期出版，其中有萧红的代表作《生死场》（萧红中篇小说）、《呼兰河传》（萧红长篇小说）和《马伯乐》（萧红长篇小说），也有《旷野的呼喊》（萧红短篇小说选）、《红的果园》（萧红短篇小说选）和《春意挂上了树梢》（萧红散文选）。此外还把萧红写鲁迅的文章，选编成一本《亦师亦友亦如父：萧红笔下的鲁迅》。需要说明的是，在这本书中，有两篇关于鲁迅的文字没有收入，一篇是诗《拜墓》，一篇是哑剧《民族魂鲁迅》，因为这两篇文字收进了《有如青杏般的滋味：萧红诗歌戏剧选》里了。在《亦师亦友亦如父：萧红笔下的鲁迅》里，把鲁迅写给萧军、萧红的书信作为附录，也一并收入，读者通过对照阅读，可以了解鲁迅当年是如何扶持帮助他们成长为优秀作家的大致经过。此外，几年前出版的《从呼兰河到浅水湾——萧红传》，经作者同意后，也收入到这套丛书中，丰富

了这套书的内容，让读者在阅读萧红作品时，对她的一生有
个较详细的了解。

陈　武

2019 年 5 月 20 日匆匆于北京团结湖